Stagio Dre

*I Mari, fy ngwraig — wn i ddim lle faswn i hebddi
ac i Nans a Joe — fy Mam a Nhad arbennig*

Stagio Dre

Emrys Llewelyn

Argraffiad cyntaf: 2013

Dymuna'r cyhoeddwyr gydnabod cymorth ariannol
Cyngor Llyfrau Cymru

Llun y clawr: Geraint Thomas

Rhif Llyfr Rhyngwladol:
978 1 84771 721 4

Cyhoeddwyd, argraffwyd a rhwymwyd yng Nghymru gan
Y Lolfa Cyf., Talybont, Ceredigion SY24 5HE
e-bost ylolfa@ylolfa.com
gwefan www.ylolfa.com
ffôn (01970) 832 304
ffacs 832 782

Cynnwys

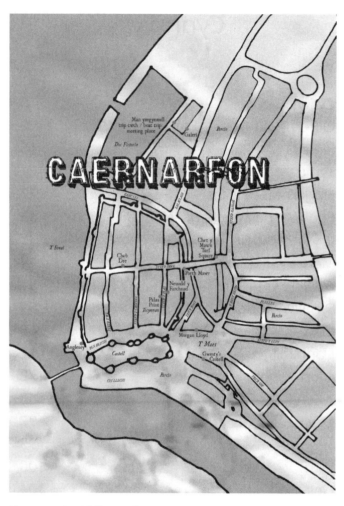

Map o strydoedd Caernarfon

Gyda chaniatâd Gŵyl Arall ac Iwan Standley

Tell me a fact and I'll learn.
Tell me a truth and I'll believe.
But tell me a story and it will live in my heart forever.

Hen, hen ddihareb o'r India

Dyn wy'n byw drwy nerth y Tad
Ymhell o'm gwlad yn estron;
Wyf ofalus; a phaham?
O hiraeth am Gaernarfon.

Athrist oedd hen Adda lwys
O'i wlad Baradwys dirion;
Unwedd athrist wyf ar goedd –
Paradwys oedd Gaernarfon.

Joseff ydwyf (Duw ro bwyth!)
A'i dylwyth yn eithafion,
Yn anghofio 'mod yn fyw,
Gan belled yw Caernarfon.

Syr Siôn Gruffudd – Siaplen Elisabeth 1af yn Fflandrys

Geiriau Gruffudd Parry ar gyfer Richard Hughes – Y Co Bach

I love Paris in the springtime,
I love C'nafron yn y niwl.
I love Paris in the winter, when it drizzles
I love C'nafron yn the glaw.
I love C'nafron yn yr eira, o Ben Twtil i lawr i'r Cei
I love C'nafron, o pam dwi'n caru dre C'nafron
Cans dyma gartra'r Co.

Cyflwyniad

Co o'r dref â'r dref yn fy nghalon ydw i ac yn Nhre'r Cofis dwi wedi treulio'r rhan fwyaf o 'mywyd.

Mae hanes y dref, ei hieithwedd ryfeddol a'r adeiladau arbennig ymysg nifer o bethau eraill yn agos iawn i'm calon. Yn y gyfrol hon, dyma geisio dangos y dref a'i phobol i bawb arall mewn ffordd ychydig bach yn wahanol.

Hoffwn ddiolch i'r Lolfa am y cynnig i sgwennu'r llyfr ac i Lefi ac Elin yn arbennig am y golygu. Dwi'n gwybod y byddai fy Mam a Nhad yn falch iawn o'u hogyn bach. Diolch hefyd i Robin Evans am ei waith gofalus a thrylwyr yn golygu fy sgwennu blêr – mae arna'i beint neu ddau iddo! A diolch i Mari am ddiodda fy ngwylltio a 'ngweiddi wrth i mi weithio ar y cyfrifiadur. Diolch i bobol Caernarfon am eu caniatâd i gael sgwennu amdanynt.

Dechreuodd y syniad o 'Stagio Dre' pan ofynnwyd i mi sgwennu colofn o'r enw 'Dal Fy Llygaid' i *Papur Dre*, papur newydd i'r gymuned yng Nghaernarfon. Dwi'n ddiolchgar i Glyn Tomos a holl griw *Papur Dre* am roi'r cyfle hwnnw i mi.

Emrys Llewelyn
Hydref 2013

O Ben Twtil

Os ewch chi am dro i Ben Twtil mi gewch olygfa heb ei hail o'r dref a'r rhan helaethaf o dir Arfon. Mae gen i fap 360° o'r olygfa. Mae'n un difyr tu hwnt.

Wrth edrych tua'r gorwel i'r gorllewin yr hyn welwn ni ydy Trwyn Belan ac Abermenai. Yno mae Caer Belan, a godwyd gan deulu Wynn, Stad Glynllifon yn ystod rhyfeloedd Napoleon. Y diben oedd amddiffyn y Fenai rhag llongau'r Ffrancwyr. Fymryn i'r dde, dros y dŵr ym Môn cawn gip ar Ynys Llanddwyn a gysylltir â Dwynwen, nawddsant cariadon Cymru. Yn y pellter mae Ynys Lawd a Mynydd y Tŵr, Caergybi. Faint o risiau sy'n disgyn a chodi o Ynys Lawd? Bydd raid i chi fynd yno i'w cyfri ac i weld y pâl – aderyn bach hyfryd sy'n nythu yma yn ystod y gwanwyn. Os gallwn ni weld Mynydd y Tŵr o Ben Twtil mae'n sicr iawn bod y Rhufeinwyr yn gallu ei weld o Segontiwm hefyd.

Mae Mynydd Parys ger Amlwch i'w weld ar ddiwrnod clir hefyd; y mynydd hwnnw sy'n enwog am ei waith copr a'i dirlun unigryw sy'n atgoffa rhywun o wyneb y lleuad, nid 'mod i 'di bod ar y lleuad i brofi hynny. Pan oedd y diwydiant copr yn ei anterth roedd poblogaeth Amlwch yn pedair mil a hanner. Dwy fil oedd poblogaeth Caernarfon yn yr un cyfnod a phoblogaeth Caerdydd yn llai na hynny. Dyma enghraifft o sut mae diwydiannau (megis copr, llechi a glo) yn eu tro yn effeithio ar faint trefi a dinasoedd.

Dilynwn arfordir dwyreiniol Ynys Môn heibio Mynydd Bodafon a Mynydd Llwydiarth. Bryniau fasan ni yn Arfon yn eu galw nhw wrth gwrs. Ac yn nes adra mae Tŵr Marcwis yn Llanfairpwll i'w weld yn glir, yn atgoffa rhywun o gyfoeth y byddigions gyda'u plastai fel Plas Newydd, y Faenol, Glynllifon a Chastell Penrhyn.

Yn ôl ar y tir mawr ac wrth ein traed mae tref Caernarfon ei hun – ei strydoedd, ei siopau, ei chastell, ei muriau, Doc Victoria a Chei Llechi. Cychod pleser yn bennaf sydd yn y doc ac ar y cei heddiw. Ond nid felly yr oedd hi. Rhwng 1850 ac 1868 ehangwyd y Doc gyda'r bwriad i'w ymestyn i gyfeiriad Felinheli ond nid oedd digon o arian i wneud hynny. Roedd 250 o longau yn defnyddio'r doc i allforio a 3,000 o longau yn defnyddio Porthladd Caernarfon bob blwyddyn.

Dychmygwch y miri! Sŵn adeiladu llongau, iardiau coed, rhaffau yn cael eu gwau, y ffowndri fetel yn gwneud angorau. Tyfodd poblogaeth Caernarfon o lai na 2,000 i dros 12,000 o fewn degawd. Pobol fel Owen Thomas (coed) a De Winton (gwaith metel), Owen Thomas (Union Iron & Brass Foundry) a'r cyfreithiwr Syr Llewelyn Turner, Parciau oedd y gwŷr busnes ddaeth â bri i'r dref.

Oedd, roedd Llewelyn Turner yn ddyn pwysig iawn. Fo oedd y maer rhwng 1859 ac 1870. Roedd yn gyfreithiwr a pherson amlwg yn natblygiad y dref forwrol. Ynghyd â dynion busnes eraill fo oedd yn gyfrifol am ddod â dŵr glân i'r dref yn dilyn achos difrifol o'r colera yn 1867 pan fu farw dros 170 o bobol.

Daeth Syr Llewelyn Turner yn Ddirpwy Gwnstabl y castell a fo yn bennaf oedd yn gyfrifol am achub Castell Caernarfon gan fod Cofis yn cymryd cerrig o'r castell i adeiladu tai!

Mi welwch yr amrywiaeth cerrig ym muriau'r castell wrth gerdded o dafarn yr Anglesey i gyfeiriad y Maes.

Roedd 'na fri ar bysgota hefyd. Ers talwm roedd gan sgotwyr Caernarfon saith trwydded i sgota eog môr yn y Fenai. Erbyn hyn does neb yn cael gwneud gan fod niferoedd y pysgod wedi prinhau cymaint. Teulu'r Hughes a'r Lovells oedd y rhai olaf â'r hawl. Mae Tony Lovell yn gallu mynd â chi ar daith i lawr y Fenai tuag at Abermenai gan nodi'r clytiau lle'r arferai'r eogiaid ymgasglu a'r hogia yn mynd allan efo rhwydi i'w dal.

O Ben Twtil rŵan edrychwn ar hen Eglwys Crist oddi tanom. Yr Hwylfan ydy hi bellach, canolfan chwarae boblogaidd i blant. Ac yna i'r dwyrain, wrth ein hochr bron, mae'r gofeb i Ryfel y Boer a ymladdwyd ddechrau'r 20fed ganrif yn Ne Affrig.

Mae enw sawl un o hogia dre a gollwyd yn y rhyfel hwnnw ar y gofeb. Roedd y rhan fwyaf ohonyn nhw yn gwasanaethu gyda'r Ffiwsilwyr Brenhinol Cymreig.

Trown ein cefn ar y môr a Môn rŵan. Dyma i chi olygfa. Mynyddoedd Eryri yn eu holl ysblander yn ymestyn o Benmaenmawr i Drefor a phob copa â hanes iddo.

Y Carneddau yw'r copaon cyntaf i ddal ein sylw. Dyma'r talp o dir uchaf ym Mhrydain dros 3,000 o droedfeddi ar wahân i Ben Nevis a'i chriw yn yr Alban. Mae yna saith mynydd dros y 3,000 troedfedd yn y Carneddau er na allwn weld y cwbl o Ben Twtil. Yn ddiweddar, gyda chymorth technoleg fodern, ychwanegwyd Carnedd Gwenllïan at y teulu. Merch Llywelyn ein Llyw Olaf oedd hi a garcharwyd mewn lleiandy yn Sempringham, Swydd Lincoln, ar ôl llofruddiaeth ei thad. Braf yw gweld enwau naturiol Cymraeg fel Carnedd Gwenllïan yn cadw eu lle rhagor na'r nonsens diweddar o fabwysiadu enwau Seisnig, llygredig o'r Gymraeg yn reit aml, ar fynyddoedd a dyffrynnoedd ledled Eryri.

Dacw'r Glyderau yn y pellter ac Elidir Fawr yn grib uchel o'u blaenau. Pan gerddais i gopa Elidir Fawr ryw dro mi ddringais at bonciau'r chwarel. Dychmygais y chwarelwyr yn cyfarfod yn eu caban am ginio gan drafod pynciau'r dydd, gwleidyddiaeth, y capel, eisteddfodau a ffwtbol. Un o'r rhain oedd fy nhaid Robert William Jones. Yntau efo'i fêts wedi bod yn rhoi'r byd yn ei le cyn mynd yn ôl i'r graig i weithio. Oriau gweithio'r hogia fyddai 6 y bore tan 5.30 y nos a hynny ymhob tywydd. Roedd Taid, fodd bynnag, yn un o'r cannoedd o ddynion ifanc a gollodd eu bywydau yn y Rhyfel Mawr rhwng 1914 a 1918. Brwydr ola'r Somme fu brwydr ola Robert William.

Coeliwch neu beidio nid yw'n bosib gweld yr Wyddfa o Ben Twtil. Moel Eilio ydy'r bai. Treuliais gyfnod yn gweithredu fel warden gwirfoddol ar yr Wyddfa gyda Pharc Cenedlaethol Eryri. Mae cant a mil o hanesion gen i o gerdded y copaon ym mhob tywydd. Roeddwn yn ffodus iawn o ddod i adnabod a chael cyngor am fynydda gan y wardeiniaid llawn amser, Sam Roberts, Aled Taylor, John Ellis Roberts, Brian Jones a Cyril Jones. Mawr yw fy edmygedd at ddynion oedd yn adnabod a pharchu llethrau Eryri. Ond mi oedd y tacla yn galw'r wardeiniaid rhan amser fel fi yn S.A.S – bois y Sadwrn a'r Sul.

Trown ein golygon yn araf tua'r gorllewin eto at Grib Nantlle, heibio'r Gyrn Ddu a'r Gyrn Goch ac at yr Eifl. Tri chopa a dwy afl (yr Eifl, dim byd i'w wneud â'r Rivals wrth gwrs). Un o'r copaon hynny ydy un o drysorau Cymru, sef Tre'r Ceiri, caer o oes yr haearn. Mae'n werth dringo hwn i weld degau o gytiau o fewn mur uchel. Tydy'r golygfeydd tua Pen Llŷn a Bae Ceredigion ddim yn ddrwg chwaith!

A dyna ni yn ôl yn Dre yn cael golwg arall ar Maesincla, Segontiwm ac Eglwys Llanbeblig, 360° o harddwch Arfon a Môn a hynny o fewn chwarter awr o gerdded o'r tŷ 'cw.

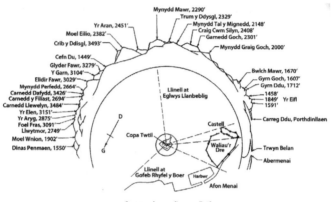

Copaon amlwg a welir o gopa Twtil

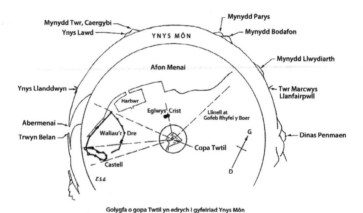

Golygfa o gopa Twtil yn edrych i gyfeiriad Ynys Môn

Golygfa 360° dros Eryri ac Ynys Môn

Pigiad

Dwi wedi bod yn edrych ar nodwyddau ers pan o'n i'n dair oed ac mae pigiad yn dal i frifo weithiau.

Mae clefyd siwgr (*Diabetes Mellitus*) wedi bod yn rhan o 'mywyd i ers i mi lithro yn nhŷ fy ewythr a'm modryb yng Nghaer pan oeddwn yn ddim o beth. Mi gollais fy ngwynt yn lân a bu raid i Nhad fy nharo ar fy nghefn i mi gael fy ngwynt yn ôl.

Ar ôl dod adra i Gaernarfon roedd yn amlwg bod rhywbeth o'i le. Mae gan fy chwaer Glenys go clir iawn, medda hi, o 'ngweld i yn trio cael diod o ddŵr o'r tap yn y gegin. Ar ôl hynny daw'r hanes am Dad ac Yncl Robin yn mynd â fi i Fangor yn yr eira a'r motor yn torri i lawr. Bu'n rhaid i Dad gerdded yr holl ffordd i'r ysbyty heb i Robin wybod lle'r oedd o wedi mynd nes daeth o yn ei ôl efo ambiwlans. Mae'r bennod fach yna yn rhan o chwedloniaeth y teulu bellach.

Anhwyldeb metabolig ydy clefyd siwgr, sy'n digwydd pan fo'r corff yn methu â defnyddio'r siwgr sydd yn y gwaed. Heb ei reoli'n iawn gall clefyd siwgr arwain at glefyd y galon, clefyd yr arennau a dallineb hyd yn oed. Ar y llaw arall, o gael ei drin yn gall a gofalus mae pobol â chlefyd siwgr yn medru byw bywydau hir, normal a llawn iawn.

Insiwlin ydy'r cyffur sy'n cael ei ddefnyddio yn feddygol i drin rhai mathau o'r clefyd. Mae cleifion sydd â math un o diabetes yn ddibynnol ar chwistrelliad allanol o insiwlin gan nad yw'r hormon yn cael ei wneud yn fewnol yn y corff.

Mae tua 93,000 o bobol Cymru'n gwybod bod clefyd siwgr arnyn nhw ac mae'n debyg bod tua 40,000 arall yn byw gyda'r cyflwr ond heb wybod hynny. Clefyd y siwgr a'i gymhlethdodau sy'n gyfrifol am 9% o gostau ysbytai Cymru.

Mae gan Mari a fi ein henwau am y cyflyrau gwahanol sydd yn dod yn sgîl clefyd siwgr. Mae 'bod yn oren' yn golygu lefelau uchel o siwgr a 'bod yn las' yn isel. Daw hyn o'r cyfnod pan oedd profi eich dŵr yn ffordd o ddod i wybod beth oedd y lefelau. *Hyperglycemia*, neu lefelau siwgr uchel oedd oren, cyflwr lle mae gormodedd o *glucose* yn cylchdroi yn y gwaed ac yn arwain at gyflwr annifyr lle mae'r person yn mynd yn flin ac afresymol (mi fyddai rhai yn dweud 'mod i felly drwy'r amser, cofiwch!). Daw'r gair '*hyperglycemia*' o'r iaith Roeg: *hyper* – sy'n golygu gormodedd; – *glyc*, melys; ac – *emia*, y gwaed. Peidiwch â chymysgu hwn efo *hypoglycemia* (glas), lle mae lefelau peryglus o isel o siwgr yn y gwaed. Gall *hypoglycemia* arwain at coma lle mae'r claf yn mynd yn anymwybodol. Mae angen chwistrelliad o siwgr yn syth bin bryd hynny. Pan ddaeth Bryn Fôn â fi adre ar ôl tipyn o hwyl yn y Clwb Rygbi unwaith, roedd hi'n amser profi'r piso ond gan na allwn greu diferyn fe wnaeth Bryn yn fy lle a datgan fod y lefals yn berffaith!

Mi gefais i beth anhawster gyda'r clefyd yn fy mhlentyndod. Mi fûm i'n fychan erioed – yn eithriadol o eiddil pan oeddwn yn iau. Dim syndod bod pobol yn dal i fy ngalw yn Jo Bach (er, mae'n siŵr fy mod wedi etifeddu'r teitl yn rhannol ar ôl fy nhad hefyd). Er nad ydw i'n gawr o hyd, o leiaf dwi'n cael peint yn y dafarn heb i bobol ofyn faint ydy'n oed i. Pan es i Lerpwl efo fy mrawd mawr ryw dro, i weld Everton yn chwarae, fe ddywedodd rhyw ddyn tu ôl i'r bar yn Goodison, 'you're alright but I'm not serving the midget'. Fel'na yr oedd hi yn ystod fy arddegau – bechgyn yn dod yn ddynion ifanc a'u meddyliau yn troi at y rhyw deg ond pan oedd yr hogia yn mynd ar 'date','ro'n i adra yn darllen.

Wedyn dyma fynd i Fanceinion i weld Dr Anderson, arbenigwr ar glefyd siwgr ac ar ôl pob math o brofion yn ymwneud â thaldra, pwysau, cyhyrau a ballu, dyma'r meddyg yn dweud, 'Well Mr Jones, I'm afraid that you'll never be a lumberjack!'

Fues i erioed isio bod yn dorrwr coed, wrth lwc, ond fe ddaeth tro ar fyd wrth i mi chwarae pêl-droed, rygbi, cerdded mynyddoedd, beicio a chadw'n heini. Mae cael y balans rhwng insiwlin, bwyta ac ymarfer yn allweddol i rywun efo clefyd siwgr a dwi wedi ceisio gwneud hyn ers degawdau. Tydy hi ddim mor hawdd wrth heneiddio ond mae cadw'n ffit yn help garw.

Roedd dechrau chwarae rygbi yn gam mawr i mi ac yn gam a arweiniodd at gadw'n heini ac at gorff iach a heini. Na, tydw i ddim wedi tyfu ond fe ges i ysgwyddau a chyhyrau ac er mai Jo Bach oeddwn i o hyd, o leiaf roeddwn yn gallu dal fy nhir yn y sgrym, yn enwedig os oedd Moi a Ken Evans neu Paul Taylor ac Ianto (Ian Hugheston) yn propio.

Ac mi gefais dynnu fy nghoes yn gyson. Fel y pnawn Sadwrn gwlyb hwnnw pan es i chwilio am yr hogia yn y Black Boy a dyna lle roedden nhw'n swatio wrth y tân. Ac ar y bwrdd roedd 'na barsel bychan â'n enw i arno. Ar ôl agor y pecyn dyna lle roedd potel o Baby Bio: 'Rho hwnna yn dy beint ac ella tyfi di!' oedd y sylw. Mae'n rhaid chwerthin!

Daeth rygbi â rhywbeth arall yn ei sgîl hefyd – clefyd siwgr neu beidio. Mi deithiais y byd, 'ei led a'i hyd', gan wneud yn siŵr bod pob math o geriach yn dod efo fi. I chi sydd heb glefyd siwgr hawdd iawn ydy taro trôns neu ddau a brwsh dannedd mewn ces ac awê. Dwi, a rhai 'run fath â fi, yn gorfod gwneud yn siŵr bod y pigiad, y profwr, y bwyd i rwystro hypos a'r papurau sy'n profi y caf i gario offer meddygol i bob man yn y ces hefyd. Ond tydy hyn byth yn broblem. Wel...!

Roedd mynd trwy reolaeth pasbort yn Raratonga ar ynysoedd Cook yn hwyl. Roedd gen i lythyr

Cymraeg gan fy meddyg a hwnnw roddais i ddyn y tollau. Edrychodd yn hurt ar y llythyr ac arna i cyn bwgwth fy nghadw yno. Ond erbyn deall, nid oherwydd y llythyr Cymraeg, ond yn hytrach am fod Cymru wedi curo Gorllewin Samoa y diwrnod cynt!

Pan deithiais i Seland Newydd yn 1995 ac Awstralia yn 2003 roedd y gwahaniaeth amser yn rhywbeth y bu raid i mi gadw llygaid arno hefyd. Mae'n bwysig bod patrwm y pigiadau yn gyson ym mha ran bynnag o'r byd y bydda i. Adra mi fydda i yn cael pigiad am chwech bob nos ond pryd oedd hynny yn Christchurch a Brisbane? Fe ddywedodd Frank, hogyn o Dre sy'n feddyg ac yn byw yn Perth, Awstralia, am i mi gymryd y pigiad am chwech yr un fath. Byddai unrhyw wahaniaeth amser 'wedi'i sortio' ymhen diwrnod neu ddau, meddai Frank. Ac roedd o'n iawn.

Mae'r busnes troi clocia yn y gwanwyn a'r hydref, fodd bynnag, yn gallu taflu ambell un oddi ar ei echel. Chwech o'r gloch yn mynd yn bump a saith a ballu. Mi fydda'i yn melltithio'r newid yma ddwywaith y flwyddyn ond mae'r corff yn dygymod yn syndod o hawdd.

Pan dwi'n cerdded a dringo mynyddoedd dwi'n gorfod gwneud yn siŵr bod y pecyn drygs yn y sach ar fy nghefn. Mi es i ddringo yn yr Alban efo Clwb Mynydda Cymru un gaeaf a mynd i gopa Ben Nevis. Roedd yn brofiad digon anturus ynddo'i hun ond i goroni'r cwbwl, wrth ddod i ddiwedd y daith yng Nghlwb Golff Fort William roedd yn rhaid i mi gael y pigiad chwech bondigrybwyll. Ar y nawfed twll y ces i o, yng ngolau lampau pen yr hogia. Dro arall mi ges i fy mhigiad yn Alpau'r Swistir, tua chwe mil o droedfeddi ar lethrau Mont Buet. Tydy cael pigiad yn hwyl deudwch?!

Cefais brofiad rhyfedd yn Murrayfield pan oedd Cymru wedi malu'r Alban ar y cae rygbi. Mi es i'r lle chwech am fy mhigiad chwech fel arfer gan ofyn i'r hogia aros amdana i. Roeddwn yn mynd trwy'r broses ddeddfol pan gurodd rhywun y drws. 'Aros funud' oedd fy nghri. Pan ddois i allan roedd Albanwr bach blin yn sefyll yno er bod tri crwndwll arall yn rhydd. 'What's wrong with those, Jimmy?' meddwn. A'i ateb, 'Nothing, but I always use this one'. Roeddwn yn gegrwth.

Tydy bod yn gaeth i'r clefyd siwgr ddim yn hawdd ac mae'n gallu bod yn boen mewn tin reit aml ond does dim rheswm yn y byd pam y dylai eich rhwystro rhag cyflawni unrhyw beth.

Mae'n amser mynd am banad rŵan efo tamaid o dorth frith Mari (sydd wedi ei gwneud heb siwgr wrth gwrs) ac ella grafiad hyfryd o fenyn: ond peidiwch â deud wrth y doctor!

Tyrau

'…a gwelai ddinas fawr wrth aber yr afon a
chaer fawr yn y ddinas a gwelai ar y gaer
lawer o dyrau mawr amryliw…'

(rhan o chwedl 'Breuddwyd Macsen Wledig').

Ydy, mae 'dinas' Caernarfon yn llawn o dyrau.
Edrychwch o unrhyw gyfeiriad ac mi gwelwch
nhw: tyrau'r castell, tyrau muriau'r dref, tyrau'r eglwysi
a'r capeli. Oes, mae 'na fwy na digon o risiau i'w dringo
yng Nghaernarfon.

Mae 'na 13 tŵr yn y castell, pob un ag enw a phob
enw yn esbonio rheswm ei fodolaeth: Tŵr y Ffynnon,
Tŵr y Sistern a Tŵr y Frenhines ac enwi dim ond tri.
Ond y tŵr amlycaf a'r enwocaf ydy Tŵr yr Eryr er
mai fel Tŵr Othon y dylai gael ei adnabod. Othon
de Grandson oedd prif gadfridog a chyfaill pennaf
Edward y Cyntaf ac ar ei ôl o yr enwodd y brenin y
Tŵr.

Os edrychwch chi ar furiau a thyrau'r castell mi
sylwch ar y ffenestri ac os dach chi'n fodlon talu i
fynd i mewn (cofiwch fod cerdyn mynediad i'w gael
yn rhad ac am ddim i drigolion y dref yn swyddfa'r
Cyngor Tref dim ond i chi ofyn) fe welwch rywbeth
go arbennig sef Bwa Caernarfon (Carnarvon Arch).

Ond tydy o ddim yn fwa o gwbl! Dyma ddisgrifiad ohono mewn llyfryn i dwristiaid yn 1961: 'Another peculiarity popping up in many places is the Caernarvon arch; this is no arch but consists of a flat lintel upon two small corbels instead of coming to a pointed or rounded arch'. Yn ei lyfr *Crusader Castles* (1936) fe ddywedodd T.E. Lawrence, yn syml iawn wrth ysgrifennu am Gaernarfon, 'Mae'r bwa ysgwyddog yn amlwg ym mhob cyntedd a *passage*'.

Deg twr sydd 'na ar furiau'r dref a tri phorth – Porth y Maes Glas, y Porth Mawr a Porth yr Aur (neu Porth y Môr). Porth y Maes a ddefnyddid o ddydd i ddydd ond doedd yna ddim mynediad i'r Cymry yn y dref gaerog. Yn Pendist (Clwt y Mawn) y byddent hwy yn cael masnachu. Trwy Borth y Maes, fodd bynnag, y daeth Madog ap Llywelyn a'i filwyr i ymosod a chwalu'r dref a'r castell (oedd yn y broses o gael eu hadeiladu) yn 1294. Fe laddwyd y gwarchodlu (*garrison*) o tua 60 o filwyr i gyd. Yn y Porth Mawr wedyn yr oedd Trysorlys y Normaniaid, nid y lle mwya poblogaidd yng Ngwynedd! Yma y byddai canghellor ardal Arfon, Meirion a Môn, Roger de Puleson, yn casglu tollau a threthi.

Daeth y Porth Mawr dros y blynyddoedd hefyd yn Neuadd y Dref – y Guild Hall. Yno y byddai Cymdeithasau (*Guilds*) Caernarfon yn cyfarfod. Yn llawer diweddarach daeth yr hen Guild Hall yn bictiwrs a theatr. Roedd yr hen Guild Hall yn enghraifft dda o theatr ar siâp cylch gyda galeri uwchben y brif neuadd. Yma y byddai Cofis ifanc yn mynd i'r *matinees* ar bnawn Sadwrn i weld y *Lone Ranger*, *Tarzan* a ffilmiau cowbois. Roedd 'na lot o hwyl i'w gael wedi prynu cnau mwnci a chael cystadleuaeth taflu'r cnau i lawr o'r galeri i ganol blowsus a chrysau'r bobol yn y seddi crand ar y llawr isa!

A dyna ddod at Borth yr Aur, sef Porth y Môr. Mae 'na ddwy ddamcaniaeth ynglŷn â tharddiad yr enw: y cyntaf yw bod yr haul i'w weld yn machlud drwy'r Porth yn y gwanwyn a'r hydref (nid San Ffrancisco ydy'r unig le gyda *Golden Gate*!). A'r ail yw y byddai'r ceidwad, yn nyddiau prysur y llongau, yn nhŷ Porth yr Aur a phan welai long yn dod i angori gerllaw byddai'n codi toll (yr aur) ar y capten am ei nwyddau.

Mae 'na sôn bod twnnel yn rhedeg o'r castell i Borth yr Aur. Twnnel, medden nhw, i alluogi'r gwarchodlu i ddianc o dan y dref i long a fyddai'n aros amdanynt. Yn wir, pan ddechreuwyd gweithio yn seleri 'Totters' (yr hostel bresennol drws nesa i'r Porth) fe ddarganfuwyd bwa Normanaidd gyda gwagle y tu ôl iddo. Fe ddaeth archeolegwyr i'r casgliad bod yna bosibilrwydd cryf bod y twnnel honedig yn dal i fodoli.

Wrth fynd ar hyd muriau'r dref gallwch sylwi ar batrwm neu 'grid' y dref gaerog, lle mae pedair stryd yn arwain o'r castell tuag at y muriau. Twll yn y Wal a Pepper Lane i ddechrau; yna Stryd y Plas a Stryd Pedwar a Chwech; Stryd y Castell a Stryd y Farchnad; Stryd y Jêl a Stryd yr Eglwys ydy'r bedwaredd. Heb anghofio'r Stryd Fawr o'r Porth Mawr i Borth yr Aur, sy'n mynd yn groes i'r lleill, i orffen y patrwm.

Mae'n bosib cerdded ar hyd un rhan o furiau'r dref – o Eglwys y Santes Fair i'r tŵr sydd uwchben y Black Boy (dim ond gyda thywysydd, wrth reswm!). Oddi yma fe allwch weld patrwm y dref gaerog yn glir. Wrth adael y tŵr gallwch sylwi ar farc un o'r seiri maen a fu'n gweithio ar y rhan yma o'r waliau wyth can mlynedd yn ôl. Edrychwch i lawr ac fe welwch y banc *commercial* cyntaf i'w agor yng Nghaernarfon gan ddyn o'r enw Hugh Pugh – na, nid hwnnw oedd yn hwylio'r fflat. Yma hefyd, yn Stryd Cei Banc yr oedd y cei cyntaf yn yr oes fodern. Roedd cychod yn gallu angori wrth y llain o dir (banc) oedd o boptu Afon Cadnant. Roedd hyn 1,200 o flynyddoedd ar ôl i'r Rhufeiniaid adael eu cei hwytha ar Afon Seiont.

Mae yna bellter o 70 troedfedd rhwng pob un o'r deg tŵr. Pam 70 meddech chi ac nid 60 neu 80 troedfedd? Wel 70 troedfedd ydy'r pellter perffaith i hyrddio saethau o'r tri twll saeth sydd ym mhob tŵr. Roedd y Normaniaid yn bobol alluog a chreulon.

Dydy copa Twtil ddim yn dŵr, ond mae'n werth tynnu sylw ato gan fod 'na olygfa wych o'r dref oddi yno. Daw'r enw Twtil o'r un tarddiad â Tooting a Tottenham yn Llundain, sef bryn neu fan uchel. O Ben

Yr Hen Dref a'r Castell o Ben Twtil

Twt gallwch weld harddwch Eryri a'i mynyddoedd yn mestyn o Benmaenmawr i Drefor. Ond pennod arall ydy'r olygfa honno.

Fe ganolbwyntiwn ni ar y dref o Ben Twtil. Oddi yma y gwelwch chi pam fod y Normaniaid wedi lleoli'r castell a'r dref fel ag y maent. Mae 'na ddwy afon yn llifo i'r Fenai sef Seiont a Chadnant (sydd bellach o dan y dref) yn ogystal ag un ffos enfawr. Roedd yr amddiffynfa yma yn rhoi'r dref ar benrhyn bychan. O Ben Twtil hefyd gallwch weld sut mae Caernarfon wedi ymestyn i bum cyfeiriad o ganol yr hen dref tuag at Fangor, Bethel, Llanberis, Beddgelert a Phorthmadog / Pwllheli, yn union fel y'i disgrifiwyd gan Ifor ap Glyn yn ei gerdd 'Bysedd Caernarfon' (o'r

gyfrol *Cerddi Map yr Underground* – Gwasg Carreg
Gwalch 2001):

Trowch y dre ar ei phen
A gwelwch Gaernarfon
Fel machlud ar y map,
A'i lonydd yn belydrau allan i'r wlad,
I Fangor a Bethel,
Pwllheli, Llanbêr a Weun.

Dwi wedi newid fy meddwl. Ydy, mae Ben Twt
yn dŵr – yr ucha yn Dre!

Hogia'r Maes (Glas)

Os ewch chi am dro ar draws y Maes, unrhyw ddiwrnod 'blaw dydd Sul, mi gwelwch chi nhw – yn sefyll yn gylch bychan fel meini'r orsedd.

Ar un adeg roedden nhw'n pwyso ar y Queen Mary. Ffens neu reiling oedd honno o flaen adeilad Pater Noster (mwy am hwnnw nes ymlaen). Roedd hi'n debyg i ddec y llong enwog, meddan nhw. Ond welech chi mohonyn nhw ar ddec y llong pan oedd hi'n stido bwrw. Bryd hynny mi fydden nhw yn y gali, mewn caffi yn rhywle yn cael panad, yn rhoi'r byd yn ei le ac yn ffraeo.

Jack, Irfon, Jeff, Ifor a Sam ydy'r hogia – i gyd yn Gofis. Cymysgedd o Gofis go iawn a Chofis 'Lad (Wlad). Amrywiol ydy'r pynciau hefyd. Ffwtbol, traffig, nofel ddiweddara Salman Rushdie neu'r Maer ar ben to Cofi Roc. Mae digon o ddeunydd i lenwi *Encyclopaedia Britannica* neu dudalennau Google erbyn hyn mae'n siŵr.

Ond un o'r prif bynciau trafod, fel y byddech yn disgwyl, ydy lle'r aeth y Queen Mary a pham na ddaeth 'na un arall yn ei lle. Wedi'r cwbl ar y Mary y bu cenedlaethau o ddynion dre yn pwyso i rwdlan. Hebddi hefyd mae'r Maes yn beryclach lle yn ôl yr hogia. Y farn gyffredinol ydy 'bod y plant ma'n rhedag heibio Dafydd Hardy am y car wash (y ffownten bitw newydd!) heb stopio i edrych oes 'na gar yn dŵad o Bont Bridd. Ers talwm mi fydda'r Queen Mary yn eu slofi nhw.'

Ia, lle difyr ydy'r Maes – wedi bod felly ers cyn co'. Yn yr hen ddyddiau roedd yma weithgareddau i'w ryfeddu. Yn ogystal â'r farchnad cynhelid ffeiriau gwartheg a cheffylau, talyrnau ceilogod a theirw. Yn fwy diweddar dyma'r lle i groesawu'r hogia yn ôl o ryfel ac i ddal bws ddeg am adra i Lanbêr, Waunfawr neu Ben-y-groes. Fama hefyd oedd y lle naill ai i roi sws nos da i'r cariad neu i gael ffeit efo Cofis 'Lad!

Mae marchnad wedi bod ar y Maes Glas – i roi iddo ei enw llawn – ers canrifoedd a honno'n dra gwahanol i'r un fechan ddi-nod sydd yma rŵan ryw ddwywaith yr wythnos.

Ers talwm, dychmygwch y sŵn a'r rhialtwch oedd 'na pan ddeuai 30,000 o bobol i'r farchnad. Roedd rhai wedi teithio ar gefn ceffyl neu gyda cheffyl a throl. Eraill ar droed neu ar y fferi o Fôn. Ddau gan mlynedd yn ôl dychmygwch Stromboli, y dyn cryfaf yn y byd, yn codi dau ddyn, un ar bob braich neu bobol o Lerpwl yn gwerthu llestri coed a phridd. Y gofaint wedyn yn pedoli, plant efo'r olwyn droi a'r sipsiwn yn gwerthu basgedi. I ychwanegu at y miri – genod blodau, düwr esgidiau, begerwyr a dynion y ffowndri yn mynd am beint i'r Britannia a'r Holland Arms. Heb sôn am y gwerthwyr priciau, y ffidlwyr a'r dynion ysgrifennu llythyrau i'r rheiny oedd yn anllythrennog.

Doedd hi ddim yn ffair go iawn chwaith heb ambell i feddwyn yn ffraeo a Martha Fawr, y ddynes drymaf yn y byd. Roedd hi'n pwyso chwarter tunnell meddan nhw ond yn anffodus ddaeth 'na neb â chlorian i'w phwyso. I goroni'r cyfan dyna Ddyn y Tafod Llithrig a'r 'Cwac' yn gwerthu meddyginiaeth a achubodd ymerawdwr Tsieina. Fo oedd yn dweud hynny, cofiwch.

Byddai tân gwyllt yn y castell ond dim ond plant y bobol fawr odd yn cael mynd i mewn i'w weld. Ac ar ddiwedd pob prynhawn byddai Dafydd a Betsan yn dod efo'u trol fechan i hel coed tân. Roedden nhw'n byw yn un o'r tai bach to gwellt yn Tre Gof, tu ôl i lle mae'r Post heddiw. Colled fawr oedd honno pan losgwyd y ddau mewn tân yn eu cartref.

Mi gafwyd mwy na thân yn Dre yn 1294. Mis Awst oedd hi ac roedd 'na farchnad ar y Maes Glas – y trigolion a'r Normaniaid yn mwynhau'r heddwch, yn llenwi eu basgedi efo bwyd, diod a dillad. Yn ddisymwth dyma sŵn corn o rywle a milwyr Madog ap Llywelyn, yr ola o deulu Tywsogion Gwynedd, yn ymosod ar y dref. Y Cymry oedd y rhain yn talu'r pwyth am ddegawdau o ormes gan estroniaid.

Chwalwyd y muriau, y dref a'i chatrawd o filwyr – catrawd fechan o ryw 60. A chafodd Roger de

Puleson, canghellor Arfon, Meirion a Môn driniaeth reit hegar gan Fadog a'i griw.

Ond och a gwae, pharodd yr oruchafiaeth ddim yn hir. Wedi rhai misoedd daeth mintai enfawr o Normaniaid (milwyr Edward y Cyntaf) a'u cefnogwyr tua Chaernarfon gan yrru'r Cymry yn ôl i'r mynyddoedd.

Dyma'r unig dro i furiau Caernarfon gael eu dymchwel a'r castell gael ei orchfygu. Estroniaid sydd wedi cael y llaw ucha byth ers hynny. Tan heddiw, beth bynnag, a ninnau'n codi tâl mynediad i'r castell.

Fel y castell, un o ryfeddodau'r Dre a'r Maes sy'n dal ar ei draed ydy adeilad Pater Noster. Y dywediad yn llawn ydy *Pater Noster Qui Es in Caelis Sanctificetur Nomen Tuum*, sef 'Ein Tad yr hwn sydd yn y nefoedd, Sancteiddier Dy enw'. Ac yn edrych ar yr adeilad hardd hwn ers dros hanner canrif a mwy mae dau gerflun mawreddog o David Lloyd George a Syr Hugh Owen, y naill yn Brif Weinidog a'r llall yn addysgwr a greodd yr ysgol sirol gyntaf a rhoi ei enw i ysgol uwchradd y dref. Yn ddiweddar, wrth i'r Maes gael ei ddatblygu, bu'n rhaid symud Syr Hugh yn nes at westy'r Castell rhag ofn i rywun yrru dros fodiau 'i draed o! Ond mae Lloyd George yn dal i godi ei ddwrn ar y gwylanod sy'n cael lot o hwyl am ei ben.

Llai enwog na'r ddau yna, ond yr un mor adnabyddus o fewn y dref, oedd Rob Robin sef Robert Roberts. Meddwyn oedd o. Prynai pobol

Hogia'r Maes: Jack, Irfon, Jeff, Ifor a Sam

ddiod iddo er mwyn ei weld yn gwneud migmas. Byddai hynny yn troi yn gwffas a Rob Robin yn cael ei hun yn y rheinws cyn nos. Treuliodd Robin hanner ei fywyd mewn carchar ac yn 1848, fo oedd yr ola i'w roi yn y stocs yng Nghaernarfon. Yn Pendist yr oedd y rheiny a threuliodd Rob sawl pum awr rhwng deg a thri y pnawn yn cael ei bledu efo dŵr a ffrwytha wedi pydru.

Mae rhai o straeon y Maes yn werth eu hailadrodd. Fel honno am Richard Pritchard welodd Rolls Royce newydd sbon tu allan i'r Post ryw ddiwrnod. Heb feddwl ddwywaith dyma Richard yn gofyn i ddwy ddynes, oedd yn drwmlwythog o negas, a oeddan nhw isio lifft adra yn ei gar newydd. Roedd gan·y

Rolls seti lledar coch hardd, coed ar y dashbord ac ogla newydd ar y peiriant. I mewn â'r merched yn ddiolchgar. Mynd i guddio wnaeth Richard a phan ddaeth gwir berchennog y cerbyd swanc allan o swyddfeydd y papur newydd lleol gerllaw ac agor y drws, rhywbeth tebyg i 'Get out of my car you harlots' oedd ei neges i'r merched!

Dyna ddigon o hanas y Maes. Mae'n treshio bwrw, felly mi a'i am banad at hogia'r Queen Mary.

Fodins – neu ferched – i weddill Cymru

Hen air am ferch, sef 'modlen', yw 'fodan' a dyna be mae Cofis Caernarfon yn eich galw chi os 'dach chi'n wahanol i ddyn.

Mae merched wedi chwarae rhan bwysig ym mywyd y dref ers canrifoedd. Nhw oedd yn cadw tai tafarnau pan oedd eu gwŷr ar y môr, yn rhedeg siopau a gwerthu a phrynu yn y marchnadoedd cig, pysgod a'r farchnad fawr ar y Maes.

Dwi wedi gwneud efo fodins ers i mi gael fy ngeni. Nansi Jones oedd y gynta i mi ddod ar ei thraws. Hi oedd yr hen fôd – Mam. Hogan o'r Dre oedd Nansi, yn falch iawn o Gaernarfon a'i phobol. Roedd Mam yn mynd i ddringo yn Eryri ymhell cyn i'r to ifanc ddod i ddeall bod cael rhaff a sgidiau yn golygu y gallwch fynd i fyny llefydd serth. Byddai'n mynd efo Yncl Llew ac Arthur ei fêt i'r clogwyni o amgylch Llanberis. Doedd ganddi ofn neb na dim ac roedd yn werth ei gweld yn mynd â Moli'r ci am dro. Gwisgai un o fy nghotiau mawr i a chap llongwr. Cariai ffon gerdded ei thad ac roedd wastad yn dod adra wedi cael rhyw antur neu'i gilydd. Fel y tro hwnnw pan drodd ar ei sawdl i ddod yn ôl i'r tŷ i ddweud bod 'na

UFO uwchben y stad! Allan â Mam a finna (doedd Moli ddim callach). Ar waelod y stryd wrth droi am y garejus roedd golau yn hongian yn yr awyr ond nid UFO oedd yno, yn hytrach dim ond dŵr wedi hel ar weiren deliffon a hwnnw'n disgleirio yng ngolau'r stryd.

Dw i'n edrych ar lun du a gwyn o gwpwl ifanc yn eistedd ar ben mynydd ac ar y cefn mae'r geiriau 'Moel Hebog 1933, cyfarfod Joe'. Dyma'r diwrnod y daeth Joe Jones a Nansi yn gariadon ac mewn amser yn fam a thad i Gwyn, Glen a fi.

Hannah Mary oedd fy mam yng nghyfraith. Dyna i chi ges a hanner arall. Dynes annwyl a pharod ei chymwynas a dynes y dois i yn ffrindiau mawr â hi. Fe symudodd o'i chartref ym Mhontllyfni ar ôl colli ei gŵr Gwilym O, a dod i fyw i Siabod yn Stryd Victoria. Â'i henw yn H.M., roedd dod at Victoria yn addas iawn! Yno y byddwn yn mynd am banad a jangl efo Hannah Mary. 'O! Dyma Emo wedi dod yn ei stockinéts' fyddai ei chyfarchiad pan fyddwn yn cyrraedd ar fy meic mewn gwaelod tracwisg! Dw i'n hynod ddiolchgar fy mod wedi cael bod yn fab i Nansi ac yn fab yng nghyfraith i Hannah – fodins adawodd eu marc a'u hatgofion.

Coeliwch neu beidio, mi fu gen i ddwy nain! Roedd Mary Jones, sef Nain Dre, gwraig H.W. Jones yr argraffwr, yn cadw siop bapur newydd yng ngwaelod Stryd Llyn (lle mae siop New Look rŵan).

Nain Deiniolen oedd y nain arall – Ellen Jones. Fe gollodd hi ei gŵr ar ddiwedd y Rhyfel Mawr pan saethwyd William yn nhir neb ym mis Medi 1918. Cof plentyn sydd gen i o'r ddwy ddynes ddewr yma ond mae 'na luniau ohonof yn eistedd ar eu gliniau yn cael stori a mwytha. Da ydy neiniau.

Erbyn hyn dwi'n nabod lot o neiniau. Ambell un yn hen ffrind ysgol sy'n dal i ddweud how-di-dw ar y stryd neu hen gariad sy'n dal i wenu a chofio'r dawnsio yn y Drill Hall neu Glwb Cash.

Un fodan gafodd ddylanwad arna i yn yr ysgol oedd Mrs Humphreys Jones neu Ma Hymps i ni ddisgyblion. Doeddwn i ddim yn dda iawn yn y Cownti Sgŵl. Tueddwn i feddwl am bethau eraill yn lle gwrando. Ond roeddwn i'n hoff o bwnc Ma Hymps sef daearyddiaeth. Methu â chael lefel O yn y pwnc wnes i, fodd bynnag, ac roedd Mrs Humphreys Jones yn siomedig iawn na fuaswn i wedi gweithio'n galetach – medda hi!

Ar wahân i'r Musus, genod tîm rygbi Caernarfon ydi'n fodins i y dyddiau yma. Mae bod yn rhan o dîm wedi bod yn ganolbwynt i 'mywyd i ers blynyddoedd a dwi wedi bod yn ffodus o gael bod yn aelod o Glwb Rygbi Caernarfon ers ei sefydlu yn 70au'r ganrif ddiwethaf. Mae chwarae'r gêm wedi dod i ben i mi, ond mae'r elfen o fod yn rhan o dîm yn parhau gan fy mod yn aelod o dîm cefnogol Merched Rygbi Caernarfon.

Mae gweld ymroddiad a phenderfyniad y criw anhygoel yma yn ysbrydoliaeth. Y cyfeillgarwch, y cydweithio, y brifo a'r mwynhad y mae'r merched yn ei rannu ar y cae rygbi wrth chwarae ac wedyn wrth flasu'r bywyd cymdeithasol ddaw yn ei sgîl. Mae'r ewyllys i ymarfer ar nosweithiau gwlyb a gwyntog ar y Morfa i'w edmygu hefyd ac yn cau ceg y rhai a ddywed fod y 'petha ifanc ma' yn cael gormod a ddim yn rhoi dim yn ôl.

Fodins Caernarfon ydy'r unig dîm o'r gogledd sydd yng nghynghrair Cymru, felly mae gofyn i'r merched deithio i'r de hyd at 8 o weithiau yn ystod y tymor – i lefydd fel Crymlin yn y dwyrain a Gorseinon yn y gorllewin. Tydy genod dre erioed wedi methu â theithio i unrhyw gêm. Mi fyddai hi'n braf medru dweud yr un peth am rai o dimau'r de.

Dros y blynyddoedd mae Kate Jones, Manon Williams, Jenny Davies, Mared Evans a Yasmin Leung wedi chwarae dros y tîm cenedlaethol ac yn ddiweddar roedd Dyddgu Hywel, cefnwr tîm Caernarfon, yn chwarae i dîm Cymru ym Mhencampwriaeth y Chwe Gwlad. Mae un o'i chrysau hi, fel rhai o'r lleill, yn hongian yn dalog yn y Clwb Rygbi. Gobeithio nad Dyddgu fydd yr olaf o fodins Caernarfon i chwarae yng nghrys coch Cymru.

Mae hiwmor y genod yn wahanol iawn i un y dynion. Mae'n llai brwnt, weithiau'n ddi-chwaeth ac yn amlach na pheidio yn ddiniwed. Fel y tro hwnnw pan ofynnodd un o'r genod i'r Capten, Cenin Eifion, ai Eifion Eifion oedd enw ei thad! Un arall yn gofyn i dîm y Barri ai ar gwch yr oedden nhw yn mynd yn ôl i Barry Island!

Peidiwch â mynd allan am noson yn Dre efo'r rhain. Mi fyddech chi angen pwll o arian a stumog fel camel. Maen nhw'n chwarae yn galed ar y maes rygbi ac ar y Maes yng nghanol Dre! Ond, fel bron bob tîm arall, maen nhw i gyd yno i helpu ei gilydd. Mae nosweithiau gwisg ffansi'r genod yn rhyfeddod a'r Hardings yn ddigon o sioe, boed fel lleianod neu gymeriadau o gêmau cyfrifiadurol tŷ tafarn.

Mynd a dod mae'r genod wrth gwrs, fel yn hanes pob criw o bobol – rhai yn cael cariadon, rhai yn cael babis a rhai yn symud o Gaernarfon i ddilyn llwybrau gwaith. Ond i hen begor fel fi mae cael bod yn fêt i bob-un-wan-jac yn fraint ac yn bleser. Dw i'n gwerthfawrogi fy mod wedi bod yn y lle iawn ar yr adeg iawn.

Fedar y rhan fwyaf o ddynion ddim gwneud heb fodins. Os nad ydach chi wedi sylwi, maen nhw'n wahanol. Diolch byth am hynny ddeuda i!

Crysau ar y lein

Mae gen i bedwar crys rygbi ar y lein. Mae hanes a stori tu ôl i bob un ac mae'r straeon hynny i gyd yn deillio o hynt a helynt tîm rygbi, Y GOGS.

Tîm o hen stejars ydan ni, y rhan fwyaf wedi chwarae i dîm rygbi Caernarfon ar ryw adeg yn ystod y deugain mlynedd diwethaf.

Geriatrics o G'narfon (ac o Gymru o ran hynny) ydy'r GOGS. Mi gychwynnon ni ar y bererindod rygbïaidd hynod yma yn 1993 wrth fynychu Gŵyl Rygbi'r Byd i Hen Hogia yn Nulyn.

Ers hynny, rydan ni wedi teithio'r byd yn cynrychioli Cymru a'r Cofis a chael ambell i beint yma ac acw.

Mae rhai o'r GOGS yn eu 40au, y rhan fwyaf yn eu 50au ac un neu ddau yn hen iawn. Nid oes unrhyw enwau 'mawr' yn ein mysg ond mae Brynmor Williams, Gareth Davies, Garin Jenkins a Jonathan Davies wedi cael gwahoddiad i chwarae i ni. Does neb wedi gwrthod, ond dim ond Garin sydd wedi derbyn y cynnig.

Ar hyd y blynyddoedd Y GOGS ydy'r unig dîm o Gymru sydd wedi bod yn mynychu'r gwyliau rygbi yma rownd Ewrop a'r Byd. Ac rydan ni'r gymysgedd ryfedda o werthwyr celfi, plismyn, deintyddion, torwyr gwair, argraffwyr, gweithwyr cymdeithasol, prif weinidogion, cynhyrchwyr tedi bêrs a barwniaid cyffuriau. Na, celwydd ydi'r tri ola!

Wrth i mi syllu ar y lein ddillad a'i chynnwys daeth yr atgofion yn ôl. Y crys cyntaf i dynnu fy sylw ydy crys y 'Redland Crabs' o Brisbane Awstralia, lle buom yn 2003. Mae'r cyfeillgarwch efo'r Crancod yn parhau er eu bod nhw dros 10,000 o filltiroedd i ffwrdd. Yn Toulouse (yng Ngŵyl y Byd yn 2001) y daethom ni ar eu traws gynta. Ers hynny rydym wedi eu gweld yn Brisbane 2003 a Chaeredin 2008 ac wedi cadw mewn cysylltiad trwy'r e-bost gwyrthiol.

Daeth rhai o'r Crancod i dref Caernarfon yn 2008 ac roedd Graham (Madog fel y'i gelwid) yn meddwl bod Porthmadog wedi ei enwi ar ei ôl! Ond does a wnelo Port ddim byd ag o. Na'r un Madog arall chwaith tae hi'n dod i hynny. Mad Dog ydy'i lysenw gan ei fod mor wyllt ar gae rygbi.

Yr ail grys ydy crys Gŵyl Goffa Bob Anderson. Roedd Bob yn ddyn busnes a chynghorydd yng Nghaernarfon ac wedi bod ar sawl taith efo ni. Daeth 6 thîm i gofio Bob ac i fwynhau 'Hwyl, Brawdgarwch a Chyfeilgarwch' (arwyddair rygbi'r hen hogia), tair o nodweddion ein diweddar gyfaill. Mae colled ar ei ôl.

Crys lliwgar iawn ydy'r trydydd, â'r geiriau 'Te Puka Tavern' arno. Cartref yr 'Oil Blacks'. Tîm o Gisbourne, gogledd Seland Newydd, oedd y Blacks a ymunodd efo ni'r GOGS i ffurfio tîm ar gyfer Dulyn 1993. Fe dalon ni'r pwyth yn 1995 a theithio i ŵyl Christchurch. Bellach mae'r cysylltiad efo'r Oil Blacks wedi diflannu – doedd dim e-bost i gadw mewn cysylltiad bryd hynny. Ond oherwydd y cysylltiad Seland Newydd-aidd mi ddechreon ni arddel ein Hakka ein hunain. Mae'n dechrau gyda pharodi ysbrydoledig o'r Hakka gwreiddiol: 'Co, ma te, Co ma te, Co ma te'n barod!'

Os cofiaf yn iawn roedd ein gêm ola' ni yn Christchurch yn erbyn tîm o Maoris lleol. Roedd eu llinell flaen fel rhywbeth allan o'r ffilm 'Star Wars' gyda'r enwog Billy Bush (cyn-chwaraewr rhyngwladol i'r Crysau Duon) yn un o'r props. A finna yn fachwr bach glân o Gymru, mi gynllwyniodd y c'nafon i 'nhaflu i'r pwll dŵr mwya ar y cae. Wrth lwc fu dim rhaid galw'r bad achub.

Y crys olaf ar y lein ydy crys Gŵyl Ewrop 2010 pan ddaeth Ewrop i Gaernarfon i chwarae rygbi a mwynhau sieri binc a chroeso'r Cofis. Mil o bobol, 33 tîm o 15 gwlad. Mae eu straeon yn chwedlonol erbyn hyn. Y tîm o Ffrainc yn dawnsio a chanu yn ffownten y Maes yn eu tronsia. Tîm o Sbaen, oedd yn aros yn Llanberis, yn cynnal barbaciw anferth gan wahodd dwsina o bobol leol i'w fwynhau. Cymaint y wledd, yn wir, fel nad oedd gan gigydd Llanbêr yr un darn o gig ar ôl yn ei siop. Aeth tîm o'r Swistir i fwyty ar y Maes ac archebu 10 cimwch o Ben Llŷn.

Cystal oedd y rheiny nes gofyn am 10 arall. Yfwyd pob potelaid o win coch oedd yn yr adeilad namyn dwy – blêr iawn – ynghyd â dwy botelaid o wisgi Penderyn. Mae pobol dre yn dal i ofyn pryd ma'r hen chwaraewyr rygbi 'na'n dod yn ôl.

Pedwar crys yn sychu'n braf a'r pedwar efo'i stori ei hun – ar ôl bod ar gefn un o'r GOGS a chael gweld y byd. Wrth wneud hynny, mae cyfle i gyfarfod a dod yn fêts efo pob math o bobol, yn cynnwys Koalas ar adegau. Cefais y pleser o gydlo Opera yn Sw Brisbane a thalu am y fraint. Mae'r arian i gyd yn mynd tuag at gadw coedwig eucalyptus sef bwyd y creadur hyfryd yma. Yr unig ddrwg yw, tydy Opera erioed wedi ffonio, e-bostio nac anfon llythyr ataf!

Be'n union ydy'r GOGS?

Tîm rygbi i hen begors (*Golden Oldies* ydy'r term yn Saesneg) ydi'r GOGS ac mae gwyliau a chystadlaethau lleol, Ewropeaidd a byd-eang wedi bod yn cael eu cynnal ers dros chwarter canrif i gyn-chwaraewyr sy'n dal i feddwl eu bod nhw'n gallu chwarae rygbi!

Y tro cynta hwnnw yn Nulyn yn '93, mi gawsom ni'r GOGS gymryd rhan am bris gostyngol am ein bod ni'n lleol, dim ond 55 milltir fel y rhed y frân.

Ers hynny mi fuom ni yng Ngwyliau'r Byd yn Christchurch, Vancouver, Cape Town, Brisbane a Chaeredin heb sôn am y gwyliau Ewropeaidd yn Benidorm, Zurich a Madeira. Mi gawson ni'r fraint

Opera y Koala a fi yn Sw Awstralia, 2003

(a'r cur pen) o gynnal yr Ŵyl Ewropeaidd ein hunain yn 2010. 'Dan ni wedi bod yn Bethesda unwaith neu ddwy hefyd!

Ydy'r rheolau yn wahanol i hen ddynion felly? Yn syml, 'Ydy'! Mae'n rhaid i bawb fod dros 35 oed ac mae oedran y chwaraewyr yn cael ei nodi gan liw eu siorts:

35 – 45 – Siorts Gwyn

45 – 55 – Siorts Du

55 – 65 – Siorts Glas

65+   – Siorts Coch (chewch chi ddim taclo rhywun mewn siorts coch).

Siorts Aur neu Felyn – dim hyd yn oed cyffwrdd y rhain. Maent yn hynafol iawn!

Does dim gwthio yn y sgrymiau ac ni chaniateir cicio.

Mae dau hanner, yn para rhyw chwarter awr yr un ond fe ellir cael chwarter awr arall os yw pawb yn fyw ac yn cytuno.

Roedd y chwaraewr hynaf yn Christchurch (1995) yn 93. Felly mae gobaith i mi eto!

Mêts

Cyfeillion, bydis, ffrindiau, *kamalad*, *cairde*, *caraid*, *caarjyn*, *koweth*, *amici*, *amigos*, *amis*, *freunde*, *lagunak*, Co go iawn. Mae gan bob iaith a gwlad ei chyfeillion.

A'r 'hogia' ydyn nhw yn Dre, 'fodins' neu beidio!

All rhywun ddim gor-bwysleisio cyfeillgarwch. Os nad oes gennych chi fêts, gall bywyd fod yn reit lwm, gall?

Mae mêts yn gefn am byth. Maen nhw yno o'r cyfnod cynnar wrth chwarae yn blant – yr antur, yr ofnau a'r hwyl. Roedd fy mêts i yng Nghae Mur yn chwarae bob diwrnod, o fore gwyn tan nos, yn ystod gwyliau'r ysgol ac yn syth ar ôl gwneud gwaith cartref yn ystod tymor ysgol. Roedden ni'n chwarae pob math o gêmau rhyfedd fel 'am y gora i farw' a '*chase* mawr'! Heb anghofio'r marblis, y ceir bach Dinky a Corgi, Subbuteo a gwenud *dens*. Byddem yn filwyr yn ymladd yr Almaenwyr neu'r Siapaneaid neu'r Indiaid Cochion ac yn soldiwrs yr US Cavalry. Cywilydd ta be?! Ar y llaw arall, 'dan ni i gyd yn filwyr o fath, tydan, yn gorfod 'ymladd' am bopeth efo'r 'hogia' yn gefn.

Llai o athronyddu! Roedd Giang Bach Cae Mur yn griw reit wahanol ddeudwn i. Malcolm oedd yr hyna ac felly fo oedd y bòs. Amryddawn oedd Meirion: gwnâi unrhyw beth o ddringo'r coed uchaf yn Lodging Hall i adeiladu *'fourwheelars'* (tryc bychan efo 4 olwyn) ond doedd Mei byth yn cofio rhoi brêcs ar ei dryc! Kenneth, brawd iau Malcolm, oedd y pêl-droediwr yn ein plith. Ken fyddai'n tynnu'r genod mewn ychydig o flynyddoedd, hogyn del ac annwyl – fel ag y mae o hyd heddiw. Alan (neu Lwi fel yr oeddem yn ei alw) oedd cefnder Malcs a Ken a hogyn ffit eithriadol. A fi, yr un bychan oedd yn methu â chyrraedd y gangen i ddringo coed ac ofn mynd i'r môr, ond oedd yn gallu croesi pêl reit dda i Dafydd Arthur ei phenio. Affyr oedd hogyn tal y giang a phan gollon ni o chwe blynedd 'nôl roedd hi'n andros o ergyd i hogia Cae Mur. Roeddem ni i gyd wedi symud ymlaen, priodi, rhai wedi cael plant a rhai wedi datblygu sgiliau arbennig fel Affyr, oedd yn gyfarwyddwr teledu. Dyn eithriadol o ifanc i'w golli a dwi'n dal i weld eisiau'r tynnu coes a'r hwyl yn y Twtil Vaults. Mi fydda i'n mynd am sgwrs at lan ei fedd ym mynwent Eglwys Llanfaglan reit aml.

Dwi'n credu bod 'am y gora i farw' yn unigryw i ni, hogia Cae Mur. Wnes i erioed glywed am neb arall yn chwarae'r gêm ryfeddol yma. Byddai un yn cael ei ddewis i gymryd y gwn (Winchester plastig o Woolworths neu ddarn o goedyn oedd hwnnw) a byddai'r saethwr yn darganfod llecyn i orwedd arno tra byddai'r gweddill ohonom yn rhedeg tuag ato. Taniai hwnnw a'r gora i farw yn y modd mwyaf dramatig a swnllyd fyddai'n cael y gwn y tro nesa. Roedd campau rhai ohonom yn werth eu gweld a'r gweiddi a'r sgrechian yn peri i ambell i riant ddod i weld be' oedd yn digwydd.

Pan fyddai rhywun yn gweiddi 'beth am *chase* mawr?' mi fyddai hogia ein stryd ni i gyd yn cymryd rhan gan gynnwys y rhai hŷn. Beth oedd yn digwydd? Byddai hyd at 20 neu fwy yn cymryd rhan. Ar ôl disgwyl am ddeng munud byddai tri neu bedwar heliwr yn cychwyn ar yr antur o ddal y gweddill. Y '*chase*'! A chofiwch, mi fyddai hon yn digwydd rownd y dref i gyd. O Ben Twtil i lawr i'r piar a'r dociau. O Bont Bach Cadnant i Goed Helen roedd hon yn andros o antur. Byddai rhai o'r hogia yn mynd i'r llefydd rhyfedda – tae eu mamau ddim ond yn gwybod! Ar ôl cael ei ddal byddai pob unigolyn wedyn yn dod yn rhan o'r fintai hela. Efo 'nghoesau byrion roeddwn i wastad yn un o'r rhai cyntaf i gael ei ddal.

Byddem yn treulio oriau yn adeiladu *den* – lle i fynd i chwarae cardiau neu gael smôc slei a weithiau byddai fodins y stryd yn cael dod i'r *den* i chwarae 'doctors a nyrsys' …ia, weithia!

Wrth fynd yn hŷn a thyfu'n llafnau mi fyddai'r hogia ifanc yn cael mynd i lawr i'r Dre i lefydd fel Caffi Mantico. Treuliem oriau yn yfed coffi gwan a gwrando ar y jiwc bocs cyn mynd i drio bachu fodan a

mynd i Sowth o Ffrans am gydl a ballu. Ymlaen i gaffi
Majestic lle'r oedd bwyd reit dda i'w gael cyn mynd i
weld ffilm yn pics. Neu weithiau i gaffi Starlight. Ond
lle hogia moto beics oedd y Starlight a gan ein bod ni
yn '*mods*' doedd dim llawer o groeso i ni yn fan'no.
Wedi dweud hynny, os oedd 'na fyth drafferth yn
Dre byddai'r Cofis yn helpu ei gilydd bob tro ac yn
anghofio am y 'llwyth'. Uno i ymladd y gelyn fyddai
hi bryd hynny.

Roedd gen i fêts dros y dŵr ym Môn hefyd. Yno
yr oedd y grŵp Crysbas yn byw, mewn bwthyn o'r
enw Dragon Goch ym Mhenmynydd. Fe ddois i yn
rhan o'r criw mewn rhyw Steddfod. Mi fûm i wedyn
yn helpu'r grŵp i lwytho faniau, gosod yr offer a bod
yn ddyn-bob-dim. Gyda Bryn Fôn ar y dechrau roedd
Ithel Jones, Phil Jones a Gwyndaf Williams. Bu newid
wedyn gydag Ali (Alwyn Jones), Gwynfor Roberts
a Dafydd Les yn dod yn rhan o'r lein-yp. Os cofiaf
yn iawn cefais fy gig gyntaf yn neuadd JP y Coleg
Normal, Bangor lle canwyd am y Draenog Marw am
y tro cyntaf. Bu raid i un arall o'r 'hogia helpu', John
Mathews, ddringo i'r môr ym Mae Colwyn unwaith
ar ôl i rywun daflu un o'n trycs cario ni oddi ar y
prom. Doris oedd enw'r lori cario'r gêr. Roedd Doris
yn hen lori ddiod Corona a'r peth mwyaf ara deg
ar y lôn. Wrth ddod adref o ochrau Machynlleth un
tro cymerodd y lori hanner awr i ddringo Bwlch yr
Oerddrws! Aeth rhai o 'hogia' Crysbas yn ddiarth ond

mae 'na rai ohonom ni'n dal i gyfarfod, yn enwedig ar ochrau caeau rygbi.

Mewn clwb rygbi y ffurfiwyd Crysbas – Clwb Rygbi Aberteifi yn ystod yr Eisteddfod yn 1976. Ac mae rygbi wedi bod yn rhan bwysig o 'mywyd i erioed. Bûm yn aelod o Glwb Rygbi Caernarfon ers y cyfarfod sefydlu cyntaf hwnnw ddechrau'r 70au. Byth ers hynny mae gen i gannoedd o fêts rygbi nid yn unig yn Dre, ond dros y byd i gyd hefyd diolch i dîm hen begors Y GOGS. Pleser yw cael cwmni pobol fel Gareth Wyn, Sion Wheldon, Gags Plymar, Paul Taylor, Eifion Harding, Keith Parry, Kate Jones (naw cap rhyngwladol i Gymru), Eurwen Williams a llawer mwy (rhy niferus i'w henwi ond sy'n cael mensh mewn pennod arall!).

Mae 'na fêts yn Awstralia, Seland Newydd, yr Unol Daleithiau, Iwerddon, yr Alban, Ffrainc, yr Almaen a'r Eidal. Anodd ydy cadw cysylltiad pam mae Tony y Mul, Shona a Graham Madog, Bob Tug a Marcie mor bell i ffwrdd. Mae Franco, Memmo, Stefano, Max ac Uta yn yr Eidal a'r Almaen ac mi ddown ar draws ein gilydd yng ngwyliau Rygbi y *Golden Oldies*. Yn y gwyliau hyn efo GOGS Caernarfon dwi wedi dod o hyd i'r mêts yma i gyd. Heb anghofio ein brodyr Celtaidd, Jinx a hogia'r 'Pandas Hŷn' o Ddulyn. Maen nhw wedi bod yng Nghaernarfon fwy o weithiau na neb ac wedi gwagio mwy o gasgenni cwrw na'r un tîm arall!

Criw'r Blac: John Steff, Anwen, Fi, Gags Wyn, Ali a Kate

Erbyn hyn, cerdded ac nid rygbi sy'n cadw rhywun yn heini ac mae cael mêts sy'n hoff o gerdded yn werth chweil. Cael mynd am dro a sgwrsio yr un pryd – perffaith. Gags Wyn, John Steff a Sion Wheldon ydy'r tri prif gyd-gerddwr y dyddia yma ac mae'n rhaid goffen pob taith efo cwrw a chnau mewn tŷ potas sy'n gwerthu cwrw go iawn! Roedd y tri yn gyd-chwaraewyr rygbi a rŵan treuliwn ddiwrnod yr wythnos yn cerdded a hel atgofion.

Mi fydda i'n cerdded hefyd efo John Jones a Hussain Omed o bryd i'w gilydd – yma yn Eryri a weithia yn yr iseldiroedd. Mae hi'n fflat yn fan'no, sy'n fendithiol iawn i bengliniau ciami.

Sgowsar Cymraeg ydy JJ a Hussain yn Kurd o Irac sydd yn arbenigwr (ym Mhrifysgol Bangor) ar ymddygiad anifeiliaid. Mae'r cyfeillgarwch wedi tyfu dros y blynyddoedd i olygu ein bod yn gallu codi ffôn a rhannu unrhyw broblem, fel arfer gyda lot o hiwmor. Rhoddwyd cap melyn ar ben Hussain unwaith a'i alw yn 'Lemon Kurd'.

Mae pawb dwi wedi sôn amdanyn nhw a'u galw yn fêts mor bwysig â'i gilydd ond mae 'na un mêt pwysicach na'r rhain i gyd. A Mari'r wraig ydy honno wrth gwrs. 'Dan ni'n briod ers 30 mlynedd rŵan ac yn dal i fwynhau'r un pethau, yn cael anturiaethau cerdded, yn gwneud gwaith yn yr ardd neu'r tŷ ac yn mwynhau gwydraid o Prosseco wrth weld yr haul yn machlud dros Ynys Môn. Prawf bod cyfeillgarwch yn cymryd sawl ffurf ond mai ei wraidd bob tro ydy cariad. Dw i wedi mynd i ddechra athronyddu eto, do?!

Adeilad yr Institiwt

Mae gan Gaernarfon drysor nad yw llawer o bobol yn ymwybodol o'i fodolaeth. Mae adeilad yr Institiwt, sydd ar Allt Pafiliwn, nid yn unig yn gartref i Gyngor Tref Caernarfon ond mae o hefyd yn oriel luniau anhygoel ac yn gofnod o hanes y dref.

Adeiladwyd yr Institiwt yn 1884 a hynny, fel oedd yn arferol ar ddiwedd y bedwaredd ganrif ar bymtheg, i wella anghenion addysg a diwylliant y gweithwyr. Richard Owen o Bwllheli oedd y pensaer. Fo hefyd oedd yn gyfrifol am adeiladau capel Engedi a chapel y Maes.

Mae tri llawr i'r adeilad ac ar y cychwyn roedd wedi ei rannu yn Ystafell Ddarllen, Llyfrgell, Ystafell Ddarlith a'r Ystafell Gelf. Bellach maen nhw'n cael eu hadnabod fel Seiont, Peblig, Menai a Siambr y Cyngor. Dyma heb os un o adeiladau mwyaf urddasol a gwerthfawr y dref. Ar lefel y stryd roedd dwy siop, gyda'r rhent yn mynd tuag at gostau cynnal yr adeilad.

Yn y seler roedd baddondy a ddefnyddiwyd tan chwedegau'r ganrif ddiwethaf. Yn ystod y Rhyfel Mawr byddai milwyr, oedd wedi eu lleoli dros afon Seiont, yn cael eu martsio i'r Institiwt i ymolchi yn y baddondy bob wythnos.

Dewch am dro drwy'r ystafelloedd i weld y trysorau sydd yno.

Wrth gerdded trwy'r drysau crand coch ac i fyny'r grisiau mawreddog fe ddowch at y llawr cyntaf lle mae Ystafell Seiont. Yma mae 'na drysor.

Mae'r llun *Deffroad Cymru* gan Christopher Williams yn cael ei gydnabod fel yr un mwyaf eiconig yng Nghymru ac mae'n portreadu Gwenllïan, ferch Owain Glyndŵr, yn codi i ryddid o afael draig goch ffyrnig. Ganwyd Christopher Williams ym Maesteg. Roedd ei dad, Evan Williams, yn benderfynol mai meddyg fyddai Christopher ond wrth ymweld ag Oriel Walker yn Lerpwl treuliodd rai oriau yn syllu ar lun *Perseus ac Andromeda* gan Fredrick Leighton. Ar ôl gadael yr oriel gwyddai'r mab mai artist oedd am fod. Roedd *Deffroad Cymru* yn alegori genedlaethol ac o werth personol i'r artist.

Yn ddiweddar fe ymddangosodd y llun enfawr yma mewn arddangosfa yn Aberystwyth ac mae'n werth gofyn onid mewn oriel bwrpasol y dylai llun fel hyn fod ac nid mewn ystafell 'gyffredin' fel ag y mae ar hyn o bryd.

Os na sylwch chi ar unrhyw lun arall yn yr Institiwt, peidiwch da chi â methu'r campwaith hwn. Peidiwch ag anwybyddu un neu ddau o drysorau eraill Ystafell Seiont chwaith.

Un arall o'r trysorau hyn yw'r maen llog. Dyma un o chwe charreg wenithfaen oedd yn ffurfio colofn undod y Gwledydd Celtaidd yn y Gyngres Geltaidd a gynhaliwyd yng Nghastell Caernarfon yn 1904. Roedd cynrychiolwyr o Gymru, Llydaw, Cernyw, Iwerddon, yr Alban ac Ynys Manaw yn bresennol. Ond ni fu'r gymdeithas fyw yn hir. Cafwyd y cyfarfod olaf yng Nghaeredin yn 1907. Un digwyddiad pwysig i ddeillio o'r cyfarfodydd hyn oedd bod anthem Cymru, 'Hen Wlad fy Nhadau', yn cael ei derbyn a'i mabwysiadu fel anthem ar gyfer y gwledydd eraill hefyd (Llydaw, Cernyw ac Ynys Manaw).

Yn Seiont hefyd fe welwch y garreg colyn. Roedd hon yn arfer bod yn rhan o'r Porth Mawr (Dwyreiniol) lle'r arferid canu y gloch gyfrwy ben bore wrth agor y Porth i'r dref gaerog. Mae'n cael ei chofio'n annwyl fel 'cloch yr uwd'.

Ar y llawr nesaf mae Siambr y Cyngor, Parlwr y Maer ac Ystafell Peblig. Adeiladwyd Siambr urddasol y Cyngor yn 1912 pan estynnwyd yr adeilad gan ychwanegu'r Siambr a'r baddondy at yr adeilad gwreiddiol. Mae Cyngor Tref Frenhinol Caernarfon yn cyfarfod yma ddwywaith y mis. Cynhelir pwyllgorau yma hefyd ac mae orieli'r cyhoedd yng nghefn yr ystafell.

Yn y Siambr mae Cadair y Maer. Cyflwynwyd hon i'r Cyngor gan Sir William Preece ar achlysur ei urddo â rhyddfraint (y cyntaf) y Fwrdeistref. Fe'i ganwyd yng Nghaernarfon ac ymhen amser fe ddaeth yn Brif Beiriannydd y Swyddfa Bost. Roedd yn arloeswr mewn technoleg weiarles a signalau rheilffordd a chysylltiadau. Fe roddodd nawdd i'r dyfeisydd Eidalaidd Marconi a rhannodd ei syniadau am ddatblygu radio ar y tir a'r môr ac am anfon y *Morse Code* trwy'r weiarles. Mae plac iddo i'w weld ar adeilad y Swyddfa Bost ar y Maes.

Adeiladwyd Siambr y Cyngor mewn arddull *Art Noveau* ac mae lluniau o'r holl feiri ar hyd y muriau. Ond nid lluniau meiri yn unig. Mae'r waliau'n frith o hanes, megis copi o'r Statws Brenhinol a Siarter y Dref.

Rhoddwyd y Siarter gyntaf i Gaernarfon gan y brenin Iorwerth 1af yn 1284 (pryd y penodwyd y maer cyntaf, Thomas de Maydenhaccheyn), hyn ar ôl genedigaeth y tywysog a alwyd yn Dywysog Cymru er bod y rhan fwyaf o'r wlad yn anghytuno'n daer â'r twyll.

Fe ddaeth Arfon yn Fwrdeistref Frenhinol yn 1963 ac yna Caernarfon ei hun yn Dref Frenhinol yn 1972 pan ailwampiwyd cynghorau Cymru.

Mae lle amlwg hefyd i lun Syr John Puleston yn y Siambr. Roedd o'n un o Dorïaid pwysig ei gyfnod ac yn aelod blaenllaw o'r Seiri Rhyddion. Roedd yn bendefig ac ynad adnabyddus iawn yn y cylchoedd Llundeinig (cymdeithasol a gwleidyddol) rhwng canol y 19eg ganrif a dechrau'r 20fed. Roedd yn gyfarwydd ag arlywydd yr Unol Daleithiau, Abraham Lincoln.

Cafodd ei gydnabod yng Nghymru fel dyn

mawreddog a benodwyd yn Gwnstabl Castell Caernarfon ac a urddwyd yn farchog ymysg anrhydeddau eraill. Er hynny ni lwyddodd i ddod yn Aelod Seneddol Caernarfon. Roedd ganddo gystadleuaeth chwyrn – ei elyn pennaf, David Lloyd George.

Un arall sy'n cael lle blaenllaw ar fur y Siambr ydy John Morgan. Iarll Uxbridge oedd Maer Tref Caernarfon hyd at y Ddeddf Diwygio yn 1834 ond yna, yn 1835 cafwyd y Maer etholedig cyntaf, John Morgan, asiant yr iarll oedd hwnnw. Mae'r llun ohono yn ei ddangos yn mynd â sgrôl gyda dymuniadau teyrngarol i'r Frenhines Victoria ar achlysur ei choroni. Daeth Iarll Uxbridge yn Farcwis Môn (y cyntaf) ac fe gofiwn amdano fel yr un a gollodd ei goes ym Mrwydr Waterloo. Mae'r enw Uxbridge yn cael ei gofio hyd heddiw yn Sgwâr Uxbridge ger tafarn yr Eagles a Gwesty'r Uxbridge, gyda llaw, oedd yr hen enw ar yr hyn sydd heddiw yn Westy'r Celt.

Heb fod ymhell o'r ddau lun mae siarter y gefeillio. Mae Caernarfon wedi cael ei gefeillio gyda thref Landerne yng ngogledd orllewin Llydaw ers 1993. Arwyddwyd y siarter gan y Maer ar y pryd, Helen Gwyn a Jean Pierre Thomin, Maer tref Landerne. Mae'r gefeillio yn parhau ac mae ymweliadau cyson rhwng y ddwy dref o hyd. Mi ro'i fwy o hanes y gefeillio i chi yn nes 'mlaen.

Mae 'na gryn ddoethinebu, yn ddifri a digri, wedi

Deffroad Cymru, Christopher Williams
© *Drwy garedigrwydd Cyngor Tref Frenhinol Caernarfon.*

bod yn y Siambr ar hyd y canrifoedd. Pan oeddwn i yn gynghorydd, er enghraifft, mi glywais fwy nag un berl. Cofiaf drafodaeth ar 'wobr y gerddi' un flwyddyn ac un cynghorydd yn cyfeirio at y *'garden nominos'* sydd yn byw mewn nifer fawr o erddi Caernarfon!

Does 'na ddim prinder lluniau yn Ystafell Menai chwaith. Llun o'r cyn-faer, D. Eliot Alves, miliwnydd a pherchennog Castell Bryn Bras, Llanrug ydy un. Yma hefyd y mae llun o Iarll Uxbridge (y soniwyd amdano yn gynharach) yn 1812. Arferai fod yma luniau calch a chreon o waith Fred Roe. Roedd y rhain wedi cael eu fframio mewn eboni ac yn dangos ffigyrau o'r Oesoedd Canol. Casgliad prin iawn a chofnod clasurol o oes Fictoria oedd hwn ond bellach mae lluniau o'r dref, ddoe a heddiw, wedi disodli lluniau Fred.

Yr Henadur John Fletcher ydy seren arall y stafell. Noddwr a chyflogwr poblogaidd oedd o, a wrthododd y gwahoddiad i fod yn faer sawl tro. Fel cynghorydd fe weithiodd yn ddiflino dros y dref yn y blynyddoedd cyn y rhyfel ac mae'n cael ei gofio gan y cloc clasurol sydd yn Doc Fictoria – cloc a roddwyd gan ei nith, Mrs Dilys Fletcher.

Ystafell Peblig oedd llyfrgell ac ystafell ddarllen yr Institiwt ac mae ciosg y llyfrgellydd gyda'i lamp nwy i'w weld o hyd ar ben y cownter hir. Mae'r cownter a'r cypyrddau yn ogystal â'r gwydr lliw yn dangos ansawdd y gwaith a'r urddas sy'n perthyn i'r adeilad yma. Yn Peblig y mae'r cartŵn anferth o'r Arwisgiad yn 1911. Fe'i paentiwyd gan Christopher Williams yn 1914 a chyflwynwyd y llun i'r Cyngor gan aelod o deulu Lloyd George. Mae'r llun yn dangos llawer o enwogion y cyfnod ac mae'n nhw'n hawdd eu hadnabod: Winston Churchill, Lloyd George a'r teulu brenhinol wrth gwrs. Daeth y pedwar llun o Gastell Caernarfon sydd ar waliau Peblig o ystafell fwyta'r llong S.S. *Caernarfon Castle*.

Mae'n werth sylwi ar luniau Myfanwy a Llew Llwyfo hefyd. Enillodd Myfanwy wobr gyntaf yn Eisteddfod Bangor 1890. Roedd y cymeriad lliwgar, Llew â'r llais cyfoethog, yn newyddiadurwr ac yn sgwennwr toreithiog. Roedd yr Americanwyr wedi gwirioni efo fo mae'n debyg. Fel y basach chithau hefyd o grwydro'r Institiwt.

Parlwr y Maer sydd ar ôl. Drws caeedig sydd i hwn fel arfer. Felly beth am ofyn yn garedig i Glerc Cyngor y Dref, Mrs Katherine Owen a gewch chi gip bach sydyn cyn gadael? Ac wrth gamu 'nôl i'r stryd dwi'n sicr y byddwch am ddod yn ôl i weld mwy. Sylwoch chi ar y gargoil sy'n llechu ar y wal tu allan?

Syna Dre (ddoe a heddiw)

Rhaffau'n taro mastiau, llongwyr yn gweiddi, synau'r tryciau yn y gwaith coed a'r ffowndri. Y merched yn taro bargen yn y farchnad bysgod, plant a'u holwyn droi, cŵn yn rhedeg ac yn cyfarth a gwichian wrth gael eu cicio gan yr hogia. Sŵn ffraeo tu allan i'r Patent Vaults wrth i'r meddwyn gwffio ar gorn dynes neu gêm o gardiau.

Mae pob tref yn llawn synau a tydy Caernarfon ddim gwahanol. Ond mae 'na wahaniaeth hefyd. Nid pob tref sydd wedi clywed sŵn y llengfilwyr Rhufeinig yn agosáu at Afon Seiont a'r hyn a ddaeth yn gaer Segontiwm. Byddai'r hen bobol yn eu caer fechan ar gopa Twtil wedi bod yn syfrdan wrth weld a chlywed llinell hir o filwyr estron yn cyrraedd.

Yn y 13eg ganrif synau anghyfarwydd cannoedd o weithwyr yn bustachu i godi muriau'r dref a'r castell fyddai wedi bod. Deuai llongau â'r cerrig o ochrau Caer i Cei Banc. Dyma ddatganiad mawr Edward y Cyntaf, nid yn unig yng Nghaernarfon ond yn Rhuddlan, Conwy, Biwmares a Harlech.

Ddiwedd y ganrif honno, fodd bynnag, yn 1297 clywyd corn yn galw yng nghanol y farchnad ar y Maes Glas. Roedd Madog ap Llywelyn wedi dod i ymosod ar y dref a'i llosgi. Ond fu Edward fawr o dro yn anfon mintai enfawr i Gaernarfon i ddial ar Madog a'i filwyr ac yna ailgodi'r muriau. Dyna'r ymosodiad ola' ar gastell Caernarfon er i ambell un arall, fel Owain Glyndŵr, roi cynnig arni.

Ar ddechrau'r 15fed ganrif fe gododd Owain yn erbyn y Saeson. Gyda'i weledigaeth am genedl ac eglwys Gymreig annibynnol esgorodd ar gyfnod cythryblus yng Nghymru. Daeth aelodau blaenllaw o'r eglwys a'r gymdeithas i'w gefnogi. Fe adawyd y Saeson i amddiffyn ychydig o gestyll a threfi caerog ond ni fu ymosodiad Owain Glyndŵr ar Gaernarfon yn llwyddiannus er iddo fo a'i filwyr gadw'r dref dan warchae am wythnosau lawer.

Yn ystod Rhyfel Cartref 1642–1651 cafwyd mwy o synau chwalu a llosgi. Dymchwelyd sawl adeilad yn ardal Stryd Llanover (Llanfair Is-gaer) a Stryd Boots gan Cyrnol Byron (Brenhinwr) er mwyn amddiffyn y castell rhag byddin Cromwell. Wrth i Stryd Boots (Ffordd Bangor heddiw) ddiflannu collwyd un o dai to gwellt hynaf y dref.

Ganrif yn ddiweddarach daeth Caernarfon yn un o'r porthladdoedd pwysicaf yn y byd, yn adeiladu llongau ac yn allforio llechi. Anfonwyd y llechen las i bob cwr o'r glôb a byddai sŵn y llongau llechi yn y cei yn diasbedain. Byddai sŵn y gweithwyr yn y ffowndri hefyd wrth i'r dynion wneud tsieini, rhaffau ac angorau. Adeiladwyd dros 200 o longau ym mhorthladd Caernarfon rhwng 1758 a 1898.

Fel ym mhob porthladd mae hanesion am longau yn suddo. Byddai pobol tref Caernarfon wedi bod yn gwbl ddiymadferth, er enghraifft, wrth glywed y trueiniaid ar fwrdd y *Vine* yn galw am help. Fe suddodd honno yn 1847 wrth i wyntoedd eithriadol chwythu o'r de orllewin.

Un o longau mwyaf poblogaidd a phwysicaf Caernarfon oedd y fferi ar draws y Fenai. Mae fferi wedi croesi'r culfor ers canrifoedd. Deuai cannoedd o bobol hwyliog gorllewin Môn i Gaernarfon ar y stemar fach i'r farchnad ar y Maes cyn ffarwelio â chyfeillion a chariadon wrth y slip yn Ty'n Cei. Hyd heddiw, os sylwch ar iaith pobol Brynsiecyn, mae 'na acen Cofi i'w chlywed yno yn rhywle!

Un o synau mwyaf sinistr Caernarfon oedd sŵn cloch Eglwys y Santes Fair. Hi fyddai'n cyhoeddi bod crogi carcharor ar fin digwydd yn y Tŵr Crogi. Heidiai'r dorf i weld y weithred ac fe'i defnyddid fel esgus i gael parti. Fe ganai'r gloch am bum munud cyn y crogi ac roedd y deuddeg caniad ola yn rhai hir cyn i'r trueiniaid ddisgyn i'w marwolaeth.

Gwahanol a hwyliog iawn oedd y synau a glywid ar hyd strydoedd y dref yn y 19eg ganrif. Llais y Galwr (y *town crier*) oedd hwnnw yn cyhoeddi pob math o ddigwyddiadau. Bod y Maer am gynnal ffair yn y Farchnad (er mai Llofft yr Hôl oedd y Cofis yn galw'r lle bryd hynny). Bod rhyw fyddigions yn dod i Gaernarfon i weld rhyfeddodau'r dref a'r rhan yma o Gymru – gwlad a golygfeydd tra gwahanol i fyd bach eu tai crand ym mhellafoedd Lloegr. Bod Betsan a Robin o Tre'r Gof wedi cael eu llosgi i farwolaeth yn eu cartref a bod Rob Robin yn y stocs yn Pendist ar ôl cael ei ddal yn gwneud dryga' wedi meddwi. Fo oedd yr ola i'w roi yn y stocs yng Nghaernarfon.

Pobol fel Robin sy'n gwneud tref – yn siarad, chwerthin, ffraeo, dwrdio, caru a chrio. Mi fyddech yn clywed pob un o'r rheiny yn y farchnad fawr, lle gwerthid ceffylau a gwartheg. Yno byddai sŵn plant yn chwarae ac olwynion troliau yn cario pob math o nwyddau. Canmol eu basgedi gwellt ar dop eu lleisiau wnâi'r sipsiwn a mi welech Stromboli, y dyn cryf, yn herio pawb gan godi dyn ar ei fraich dde a dyn arall ar ei fraich chwith. Serch hynny, mi fethodd godi Martha Fawr!

Un tro cafodd un o hogia sgota sy'n aros yn ddienw (!) ei ddal gan yr heddlu am greu migmas. Rhoddwyd o mewn cadwyn o amgylch un o'r arwyddion a'i adael yno tra bod mater arall yn mynd â'u sylw. Fe benderfynodd ddringo'r polyn gan ei fod wedi hen arfer dringo mastia ar y môr gyda'r bwriad i'w miglo hi o Gaernarfon, ond bob tro byddai'n codi'i freichiau dros yr arwydd byddai'n disgyn ar ei din ar y llawr. Wedi ymdrechu deirgwaith casglodd mai disgwyl am y glas fyddai ora!

Ac wrth i fysus deg adael y Maes am y wlad byddai synau caru, crio, cwffio a chwerthin yn llenwi'r strydoedd. Erbyn heddiw, swˆn ceir, y trên bach, canu ar benwythnos gêm rygbi a gwylanod sy'n byddaru pawb. Ia, yr wylan felltith 'na sy'n bla ac sydd wedi cael ei hailfedyddio gan y Cofi yn Cudyll Cachu'n Cei. Y gwir ydy bod y diawlad yn cachu ym mhobman. Ond yr hen Lloyd George sy'n ei chael hi waethaf. Mor wahanol i'r croeso gafodd Dewin Dwyfor pan enillodd o'r etholiad yn 1891. Ei gefnogwyr Rhyddfrydol yn ei gario hyd strydoedd y dref yn canu:

Si Las i Ba – Si Las i Basa – Cor a Mela
Cor a Mela, Jin Jin a Jingo
Lloyd George ydy'r gora, y gora
Si Lasi Ba, Si Lasi Basa...

Sgen i ddim clem be ydy ystyr y geiriau ond dwi'n gwybod mai 'Emrys' oedd y 'gora' yn fy fersiwn i!

Roeddem ni, hogia Ysgol Hogia, yn canu hon wrth gario'r rhai a fyddai wedi pasio'r 11 *plus* i fynd i'r Ysgol Ramadeg ar ein hysgwyddau o amgylch rhai o dai y dref. Hyn er mwyn i ambell riant balch gael y cyfle i roi da-da neu arian i ni. Druan o'r rhai na fyddai'n llwyddo yn eu harholiadau.

Ddeilliodd hyn o hen draddodiad yn y dref tybed? Tua'r Pasg yn y 19eg ganrif roedd 'na yr hyn a elwid yn 'Codi' yn digwydd. Ar ddydd Llun a Mawrth y Pasg arferai dynion Caernarfon gerdded y strydoedd efo cadair. Wrth gyfarfod merch byddent yn mynnu ei bod yn eistedd yn y gadair i gael ei chodi dair gwaith i fonllefau'r hogia. Y diwrnod wedyn, tro'r genod oedd mynd â'r gadair i roi'r un driniaeth i'r hogia. Un gwahaniaeth oedd bod y merched yn rhoi magan (dimai) am y fraint a'r hogia yn gorfod rhoi niwc (ceiniog). Da ydy fodins de?!

Colli

Mae pawb yn colli petha. Arian, beiros, ffôn symudol ac amynedd. Adeiladau mae Caernarfon wedi'u colli, a llawer ohonyn nhw. Wrth gerdded o amgylch y strydoedd dwi'n gofyn, 'lle aeth y Pafiliwn? Lle aeth Siop Hammers, Plas Mawr, y Porth Mawr, y Barbican, Siop Nelson, y Ffowntan, Stesion, Caffi Mantico, Pont 'Rabar, y Baths dros 'Rabar, a degau o lefydd eraill?'

Tai Potas

Tynnwyd llawer o adeiladau i lawr wrth i dref Caernarfon ddatblygu a dod yn ganolfan fasnachol bwysicaf y gogledd. Oherwydd siopa mawrion fel Yr Afr Aur, Yr Angor Aur a'r Nelson Emporium daeth Caernarfon i gael ei hadnabod fel 'Regent Street Cymru'. Yn yr un cyfnod roedd 'na 70 o dai potas (tai tafarnau) yn y dref. Rŵan does dim ond 16. Yn ddiweddar collwyd y Prince of Wales, y George a'r Brittania. Cyn hynny mi alwodd y rhain i gyd eu *last orders*': Holland Arms, Wellington, Manchester Arms, Newborough, Red Lion, Patent Vaults, Yr Albion, Commercial, The Three Jolly Sailors, Rose & Crown, White Horse, Three Crowns, Queen's Head, Queen Bach, Star, King's

Arms, Market Hall Vaults a Packet House. Rhestr fer ydi hon'na!

Y Pafiliwn

Diflannodd y Pafiliwn enwog hefyd. Fe'i hadeiladwyd yn 1877 ac fe gostiodd £9,000. Roedd yn dal 8,000 o bobol ac roedd yn 200 wrth 100 troedfedd o faint. Bryd hynny hwn oedd yr adeilad cyhoeddus mwyaf yng Nghymru. Fe gynhaliwyd yr Eisteddfod Genedlaethol ynddo yn 1935 a'r flwyddyn cynt gwelwyd Paul Robeson yno yn canu er mwyn codi arian at gronfa y glowyr a gollodd eu bywydau yn nhamchwa erchyll Gresffordd. I gyngherddau, ffeiriau, marchnad a syrcas heidiai'r tyrfaoedd i'r Pafiliwn. Roedd o dan ei sang pan ddaeth Lloyd George yno i ddweud ei ddweud a phan ddaeth cefnogwyr yn eu miloedd i groesawu Tri Penyberth (D.J. Williams, Lewis Valentine a Saunders Lewis) yn ôl i Gaernarfon o'r carchar ym mis Awst 1937. Dymchwelwyd y Pafiliwn yn 1962 a dwi'n siŵr bod 'na sawl copi o record y Gymanfa Ganu, a gynhaliwyd yno fel y digwyddiad ola, o gwmpas Dre o hyd. Dychmygwch gael y Pafiliwn yn llawn dop i gyngerdd y Rolling Stones, y Beatles neu Hogia'r Wyddfa!

Y Cloc

Trodd Siop Hammers yn Tesco. Mae hi rŵan yn Dafarn y Porth. Roedd Hammers yn gwerthu pob

math o ddillad ac offer hela a physgota. Yno y cefais i fy
ngwialen sgota gyntaf gan Taid ond ddaliais i ddim byd
ond annwyd wrth sgota yn afonydd Seiont a Gwyrfai.
Rywbryd rhwng Hammers a Tesco mi fu 'na gaffi yno
hefyd. Mae gen i go' bach o'r lle a chof chydig mwy
o'r *alsatian* mawr a arferai eistedd tu allan. Pan oedd
y ci yno doedd 'na fawr o neb yn mentro i mewn i'r
caffi! Tesco Bach mae rhai o'm ffrindiau yn galw'r
dafarn bresennol. Mae o'n well enw na Tafarn y Porth,
beryg. Cloc Mawr (gan fod hwnnw drws nesa) oeddwn
i eisiau ei alw. Mi allwch glywed y Cofis yn deud 'wela
i di'n Cloc am wyth', ond 'wela i di'n Wetherspoons'
ydy hi. Dim sôn am Dafarn y Porth!

Porth y Dwyrain yw'r enw hanesyddol ar borth
y dref ganoesol ond Cloc Mawr ydy o i bob Cofi.
Hwn oedd y brif fynedfa o dair i mewn i'r dref ac mae
'na rywfaint o argraffiadau o'r porth i'w weld mewn
hen luniau o'r ddeunawfed ganrif. Mae'r rheiny yn
dangos y barbican a safai o flaen y porth. Roedd yr
ystafelloedd uwchben y porth wedyn yn gartref i
Drysorlys y Normaniaid. Fe'i sefydlwyd o dan siarter
1284 fel canolfan gyllidol a gweinyddol Caernarfon,
Meirionnydd a Môn. Mae'r porth yn ei dro wedi bod
yn Neuadd y Dref ac yn neuadd lle cynhelid dramâu
a chynyrchiadau eraill (fel dawns ac opera) ac yn
bictiwrs. Roedd Mam yn galw'r pictiwrs yn '*watch a
scratch*' oherwydd y chwain yn y seti!

Stryd y Plas

Rownd y gornel i'r cloc a'r porth mae Stryd y Plas, gafodd ei henwi ar ôl y Plas Mawr. Roedd yr adeilad yn union fel yr un sydd yng Nghonwy ond fe'i dymchwelwyd cyn ei fod yn dadfeilio'n llwyr. Teulu Griffith o Benrhyn oedd perchnogion y Plas. Roedd William Griffith (yn 1563) a John Griffith (yn 1583) ill dau yn Siryf Caernarfon a'r teulu yn amlwg iawn yn y Dref a'r Sir. Roedd y Griffithsiaid yn berchnogion y Plas Mawr tan ddiwedd y 16eg ganrif pan ddaeth llinach y teulu i ben. Mae'r ddau yn cael eu coffáu yn Eglwys Llanbeblig mewn beddfaen hardd o alabastr.

Adeiladwyd y farchnad dan do wedi i'r hen blas gael ei ddymchwel yn y 19eg ganrif. Hwn oedd 'Llofft yr Hôl' i'r Cofis. Yn nhymor y Nadolig byddai marchnad fenyn yn cael ei chynnal yma a byddai gwerthwyr yn dod o bob cwr i werthu eu menyn cartref. Ac roedd 'na drefn bendant – y 'bobol fawr' yn cael blasu'r menyn gyda llwy fach arian a'r caridyms yn gorfod defnyddio eu bawd! Fyddai pobol Iechyd a Diogelwch ddim yn hapus efo hyn heddiw.

Y Stesion

Adeilad arall o bwys sydd wedi mynd i ddifancoll ydy'r stesion, diolch i Mr Beeching yn y 1960au. Oddi yno y byddwn i'n mynd ar drip Ysgol Sul i'r Rhyl neu Butlin's. Antur a hanner i ni blant. Pawb wedi cymryd misoedd i hel y ceiniogau prin ond yn eu gwario o

Plas Mawr, Caernarfon
Gyda diolch i John Dilwyn Williams am y llun

fewn cwta hanner awr o gyrraedd y Rhyl a'r Marine Lake. Roedd 'na drêns yn mynd i bob man o stesion Dre, nid dim ond i Fangor a'r dwyrain. Roedd 'na lein i Lanberis ac Afonwen a lein fach i'r gwaith brics. Tybed faint o bobol Caernarfon a adawodd y stesion ond na ddaethant byth yn ôl?

Baths dros 'Rabar

Antur arall i ni blant oedd cael mynd i'r 'baths' dros 'Rabar. Lido oedd o mewn gwirionedd, a adeiladwyd yn 1905 ar gost o £2,700. Roedd dŵr hallt, oer y Fenai yn denu cannoedd o blant a rhieni bob haf.

Arferai llawer o'r hogia a'r fodins bicio yno'n slei bach gyda'r nosau hefyd i wneud chydig o '*skinny dipping*'. Nid y fi cofiwch! Ac er na allwn i nofio mi daflodd y diawliaid fi i mewn sawl tro. Yn anffodus, ar orchymyn Iechyd a Diogelwch fe chwalwyd y baddonau yn ystod 80'au'r ganrif ddiwethaf. Erbyn heddiw byddai'n atyniad hanesyddol heb sôn am fod yn lle bach handi am ddip.

Siopau

Fel y soniais, tair siop fawr oedd 'na yn Dre erstalwm. Y Nelson Emporiwm, yr Afr Aur a'r Angor Aur. Llosgwyd y Nelson gwreiddiol, a oedd yn adeilad Gronant, ond fe lwyddwyd i achub y ceffyl siglo oedd yn gymaint o atyniad. Symudwyd y ceffyl a'r siop i safle mwy yn y Bont Bridd. Difrodwyd yr adeilad eto gan dân difrifol yn 1992 ac yn anffodus llosgwyd y ceffyl pren y tro hwn. Siop ddodrefn Perkins ydy'r Nelson heddiw. Mae arwydd yr Afr i'w weld o hyd. Os edrychwch chi uwchben Corrbett y bwci (wrth i chi fynd i golli'ch pres) fe welwch arfbais grand ac arni greadur go ryfedd – tebycach i eryr – yn eich gwylio.

Caffis

Mantico dros ffordd i'r castell oedd un o'r caffis lle byddem ni'n mynd yn llanciau. Hwn oedd ein Canolfan Gymdeithasol ni'r ieuenctid. Mi dreuliais i a channoedd o rai tebyg i mi oriau di-ri yn fama yn yfed Coca Cola ac yn gwrando ar bawb o'r Rolling Stones i Edwin Starr. Roedd 'na nifer o gaffis eraill hefyd fel y Zombrero a'r Starlight. Golau'r seren fyddai'n denu'r '*greasers*'. Chaem ni'r '*mods*' ddim llawer o groeso yn fan'no.

Caffi difyr arall oedd Caffi Majestic. Roedd hwn uchwben drws ffrynt y sinema, yn lle da i fynd am fwyd cyn mynd i weld Cliff a'r Shadows yn *Summer Holiday* neu Clint Eastwood yn *The Good, the Bad and the Ugly*. A phe byddai rhywun yn lwcus, wel mwy o frathu yn y seti cefn oedd ein hanes yn hytrach na gwylio'r ffilm.

Pont 'Rabar

Mae 'na ganeuon am hen Bont yr Abar. Roedd y bont wreiddiol yn edrych dipyn gwell na'r un dwy a dima sydd yno rŵan. Dymchwelwyd yr hen bont yng nghyfnod yr arwisgiad gan roi pont soldiwrs yn ei lle. Sgwn i be oedd ar feddwl y cynghorwyr fu'n gyfrifol am chwalu Pont yr Abar a'r holl drysorau eraill cyn hynny? Ella bod y rhain i gyd wedi diflannu, ond tydyn nhw ddim yn angof.

Llanbeblig

Mae eglwys urddasol Llanbeblig yng nghwmwd Is-Gwyrfai yn hen, hen iawn. Mae'n perthyn i ddiwedd y cyfnod Rhufeinig ac yn un o'r safleoedd Cristnogol cyntaf ym Mhrydain.

Wedi i'r Rhufeiniaid adael y wlad a'r Gwyddelod gael eu hel yn ôl dros y dŵr, fe sefydlwyd yr eglwys gyntaf, sef cell fechan, gan Publicus. Celt Rhufeinig oedd Peblig a hon yng Nghaernarfon ydy'r unig eglwys yn y byd sydd wedi'i henwi ar ei ôl. Yn ôl y sôn un o feibion Macsen Wledig oedd Peblig. Fe gysylltir Macsen wrth gwrs ag Elen Luyddog a thref Caernarfon.

Mae yna drysorau lu yn Eglwys Llanbeblig. Y tŵr a'r gangell a choedwaith to'r transept gogleddol i ddechrau – i gyd yn deillio o'r 15fed ganrif. Mae yma hefyd feddfaen alabastr i'r teulu Griffiths o'r 16eg ganrif. Mae hon i'r gogledd o'r brif allor ac mae'r wal hynaf yn dyddio 'nôl i'r 13eg ganrif. Ddudish i ei bod hi'n hen do?!

Roedd Llanbeblig ar daith y pererinion i Enlli. Wedi gadael Esgobaeth Bangor mi fydden nhw'n anelu am Lanfair-is-gaer ac yna Caernarfon. Ar ôl croesi Afon Seiont, ei throi hi wedyn am hen Eglwys Llanfaglan cyn mynd ymlaen am Glynnog, Pen Llŷn ac Enlli.

Yn ddiweddar, wrth adeiladu ysgol newydd yr Hendre, darganfuwyd rhai o hen feddi Rhufeinig Llanbeblig ryw ganllath o'r fynwent bresennol.

Mae hen fynwent wreiddiol Llanbeblig, fodd bynnag, mewn cyflwr gwael iawn ond mae yma hefyd drysorau sy'n adrodd hanes y dref a'i phobol. Mae fy hen daid, John William Jones a'i deulu, wedi eu claddu yma. Dyn o'r Bala yn wreiddiol oedd fy hen daid a bu'n teithio'r wlad fel trafeiliwr yn gwerthu esgidiau cyn ymgartrefu yng Nghaernarfon. Wedi blynyddoedd o weithio fel trafeiliwr a siopwr fe wireddodd ei freuddwyd a daeth yn newyddiadurwr ac yn awdur. Andronicus oedd ei ffugenw. Yn 46 oed aeth yn gaeth i'r cricmala (crydcymalau). O ganlyniad bu'n sgwennu i'r papurau newydd, yn enwedig yr *Herald Cymraeg*, am saith mlynedd olaf ei fywyd o'i wely yn 25, Stryd Llyn.

Tŷ cymdeithasol iawn oedd tŷ Andronicus. Byddai ei gyfeillion a phobol y dref yn galw am banad a sgwrs a theisen wedi ei choginio gan Ann ei wraig. Deuai'r newyddion ato fo! Yn 1894 cyhoeddwyd ei gyfrol *Adgofion Andronicus* gan y Welsh National Press Company (Ltd), Swyddfa'r Genedl, Caernarfon. Ar ôl ei farwolaeth yn 1895 ysgrifennwyd cofiant iddo o'r enw *Yn y Tren* gydag enwogion y cyfnod yn cyfrannu i'r gyfrol.

Rhyfedd meddwl bod Andronicus wedi bod yn cyfathrebu â'i ddarllenwyr o Stryd Llyn yn null ei gyfnod a bod ei hen gartref heddiw yn siop gwerthu ffonau symudol!

Dw i wedi bod yn chwilio am ei fedd ers tro byd ac yn ddiweddar, wrth gerdded rhwng y beddfeini, mi ddois i o hyd i golofn hardd â'r geiriau isod arni: 'Er serchog gof am J W Jones (Andronicws) yr hwn a fu farw Mehefin 15ed 1895 yn 53 mlwydd oed. Hefyd ei wraig Ann ac aelodau eraill o'i deulu'.

Oddi tano mae hir-a-thoddaid dienw:

Llenor iawn oedd yn llawn o rinweddau,
Feddai naws crefydd yn ei ysgrifau,
Hudodd wynfydedd yn ei ofidiau
A'i aml ingoedd. I yml ei angau:
Rhoes her i gyfyngderau – a gweithiodd
Nes y diweddodd ei holl gystuddiau.

Un o gannoedd ydy Andronicus ym mynwent Llanbeblig. Gan fod Caernarfon yn borthladd mawr yn ei ddydd, mae yno nifer fawr o feddi llongwyr. 'Cpt. John Evans of Carnarvon', er enghraifft, 'died aged 36'. Yma mae bedd William Owen, Harbwrfeistr a fu farw ar Ragfyr 26ain 1866 yn 57 oed o'r colera (fel cymaint yn y fynwent).

Mae 'na 38 o feddi hogia lleol gyda'r cyfenw Jones a'r cwbwl wedi cael eu lladd yn Rhyfel Mawr 1914 – 18, bob un ohonyn nhw hefyd yn aelodau o'r Ffiwsilwyr Brenhinol Cymreig.

Ymysg y beddi eraill mae gweddillion morwynion, meistri llongau, merched a dynion busnes gan gynnwys y gwerthwr te, James Patterson, un o efeilliaid, a fu farw yn 1873.

Ym mynwent Llanbeblig hefyd mae beddfaen Ellen Edwards a'i theulu. Roedd hon yn ddynes arbennig iawn gan iddi dreulio 60 mlynedd a mwy yn dysgu morwriaeth i fechgyn Caernarfon a'r cylch. Roedd ei thad, Capten William Francis, yn athro mathemateg a morwriaeth yn Amlwch.

Wedi ei farwolaeth dilynodd Ellen ei thad gan ddysgu yn ysgol Stryd Newydd. Priododd â Chapten Owen Edwards yn Eglwys Llanbeblig ar Hydref 14eg 1853 ond bu farw'r capten yn 47 mlwydd oed pan suddodd y smac *St Patrick* ar draeth Colwyn yng Nghonwy ar Ionawr 22ain 1860. Yn naturiol ddigon, roedd Ellen Edwards yn eithriad am ei bod yn dysgu ym myd dynion. Roedd yn rhaid i'w disgyblion ieuainc deithio i Lerpwl neu Ddulyn i sefyll eu harholiadau ac roedd Ellen Edwards yn gweld hyn yn annheg iawn. Gan hynny mynnodd fod hawl gan y dynion i gael sefyll yr arholiadau yn lleol. Mae'n bur debyg iddi hyfforddi dros 1,000 o forwyr ifanc dros y blynyddoedd. Y morwyr oedd 'sêr' y cyfnod a byddai fodins (merched) dre yn gwneud eu gorau i fachu llongwr, yn enwedig capten!

Dyma rai o'r morwyr enwog addysgwyd gan Ellen:

- Capten Thomas Williams, *Marine Superintendent* ar y *Black Line*.
- Capten Henry Jones a Capten Hughes o'r llongau *Lightning* a'r *City of Sydney*.
- Richard Jones, *City of Melbourne* a Capten Hugh Thomas o'r llong 4 mast, y *Palgrave*.
- Capten John Pritchard o'r *Mauritania*, sef y llong gyntaf a yrrwyd gan stêm. Aeth fy Nhaid a Nain i 'Merica ar y *Mauritania* newydd rhwng y ddau ryfel byd. Hon oedd chwaer long y *Lousitania* a suddwyd gan yr Almaenwyr yn ystod Rhyfel Mawr 1914 – 18.
- Capten Robert Thomas a dorrodd y record hwylio i San Ffransisco ac yn ôl ddwy waith yn y llong *Meirioneth*.

Adnabyddid Ellen Edwards gan ei disgyblion fel 'y musus'. Bu farw yn 80 oed ym mis Tachwedd 1889. 'The death of a remarkable woman of Carnarvon' meddai'r papur lleol a disgrifiai'r *Genedl* hi fel 'yr athrawes enwog mewn morwriaeth'.

Cynhaliwyd cynhebrwng enfawr iddi gyda llawer o'r morwyr yn bresennol. Roedd y rhain yn uwch forwyr, mêts, llongwyr cyffredin a holl gatrawd y llynges oedd ar ddyletswydd yn y dref ar y pryd.

Dylai Caernarfon gofnodi'r ddynes arbennig yma â cherflun. Tydy carreg fedd ddim yn ddigon i Ellen Edwards.

Ac mae 'na sawl Ellen arall mewn mynwentydd fel Llanbeblig ar hyd y wlad – dim ond i chi chwilio amdanynt.

Beddfaen J W Jones, Andronicus yn Eglwys Llanbeblig

Afon Seiont

Mae cerdded i lawr Afon Seiont o Bont Peblig i Gei Llechi, nid yn unig yn dro braf, ond mae hefyd yn gyfle i weld peth o hanes Caernarfon. A gorau oll os gallwch chi gerdded yng nghwmni Tony Lovell a rhannu ei brofiadau. Mae ei straeon am bob llyn a phwll o'r bont i'r cei yn werth eu clywed.

Mae Tony yn adnabod yr afon fel cefn ei law ac yn gwybod enw pob llyn a phwll sgota ar ei hyd. Un o deulu mawr y Lovells ydy Tony, teulu sydd wedi bod yn ymwneud â physgota ar Afon Seiont a'r Fenai ers degawdau. Bydd rhai Cofis yn cofio'r diweddar Ned Lovell (ewythr Tony) oedd, fel ei nai, yn dipyn o gymeriad ac yn gwybod yn iawn lle i ollwng bachyn yn yr afon.

Mae Afon Seiont yn tarddu yn Llyn Padarn ond Rhyddallt yw ei henw nes cyrraedd Llanrug. Ar y ffordd mae 'na enwau hyfryd, a'r cwbl wedi'u cofnodi gan Tony, enwau fel Tro Tryciau, Llyn Plums, Pwll Johnny Bach a Fflatiau William Owen.

Ar ei thaith mae'r afon wedi creu llynnoedd a phyllau bychain sy'n nefoedd i sgotwrs, yn enwedig ar ôl glaw trwm neu ar ôl i'r eira ddadmer ar y mynyddoedd gan droi Afon Seiont yn rhuthr gwyn, gwyllt.

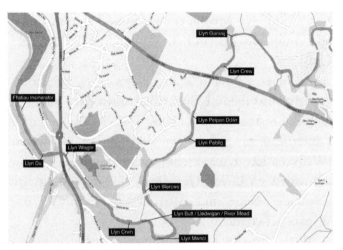

Y Seiont o Lyn Garnaij i Cei Llechi
Diolch i Tony Lovell am y map

Mae ein taith ni yn cychwyn wrth Llyn Peipan Ddŵr. Hwn ydy'r pwll cyntaf a gafodd ei enw am resymau amlwg. Ymlaen i lawr yr afon at y pyllau eraill cawn

Llyn Peblig. Yma, ger Pont Peblig, yr oedd y ffin nofio rhwng criw Tai Newydd a chriw Ysgubor Goch. Doedd fiw i chi gael eich dal ar ochr anghywir y ffin neu lwc owt!

Mae Llyn Wyrcws o dan Bodfan, lleoliad y Wyrcws yng Nghaernarfon. Roedd ei drigolion druan yn cael tyfu 'chydig o lysiau ar lain o dir gerllaw ynghyd â physgota yn y pwll ar Afon Seiont. Mae'n amlwg bod pont wedi bod yma ar un adeg gan fod 'na sylfeini i angori bob ochr i'r afon.

Cafodd Llyn Mwnci ei enw am fod yr afon yn troi fel cynffon mwnci fan hyn – gwreiddioldeb arferol y Cofi!

Ar ôl enw'r teulu a arferai fyw yn y tŷ gerllaw y bedyddiwyd Llyn Butt, Lledwigan ydy enw'r tŷ heddiw ac mae arno'r dyddiad 1779. Bu hefyd yn Rivermead am gyfnod cyn dod yn ôl i Lledwigan. [Wrth basio, dyma i chi gwestiwn cwis. Pa dîm pêl-droed yn Uwch Gynghrair Lloegr sydd ag enw Cymraeg? Nage, nid Abertawe na Lerpwl... ond Wigan (sef coedlan).]

Wrth droedio Lôn Felin Seiont gallwch bicio i weld Llyn Crwn, un arall o'r pyllau yr oedd y sgotwrs a'r nofwyr yn ei ddefnyddio. Mae Tony Lovell yn cofio siwin yma yn eu cannoedd ond welwch chi'r un yno heddiw. Erstalwm byddai'r hogia 'mawr' yn clymu rhaff ar gangen uwchben yr afon cyn siglo allan a gollwng eu hunain i ddŵr oer y llyn.

Ar lan Afon Seiont roedd 'na sawl melin. Melin Seiont a Melin Peblig oedd y ddwy yn y rhan yma o'r afon, ill dwy yn felinau blawd. Byddai rhediad yr afon yn golygu bod digon o ddŵr i droi'r olwynion. Mae ffos i'w gweld o hyd wrth yr hen waith brics ynghyd â'r giatiau coed a haearn lle'r arferai dyn agor y giât efo olwyn fawr i ryddhau llif y dŵr. Byddai peth o hwnnw yn cael ei ddargyfeirio i Lyn y Parc.

Mae Parc y Dre o dan y Morfa, lle mae caeau Clwb Rygbi Caernarfon. Ar un adeg byddai'r Parc yn gyrchfan i gerddwyr ar ôl yr oedfa fore Sul neu'n llecyn i gariadon gyda'r nos. Mae'n dal yn faes chwarae i'r plant. Agorwyd y Parc yn 1884. Hwn yw'r enghraifft orau o barc Fictoraidd ym Mhrydain ac mae'n bechod na fyddai mewn gwell cyflwr. Chwistrelliad o arian o rywle sydd ei angen. Ar un adeg roedd adar o bob math ar Lyn y Parc a slywod mawr yn hela'r cywion.

Rydym wedi cyrraedd Pont Saint erbyn hyn. Fama mae Llyn Wisgin.

Roedd Cyrnol Wisgin yn byw ar ochr orllewinol yr afon ac mae Caernarfon yn dal i gofio Stewart Wisgin, aelod o deulu'r Cyrnol. Hanesydd oedd Stewart a dyn wnaeth gymaint i gadw lluniau o hen adeiladau'r dref a'u cyhoeddi mewn sawl llyfr gwerthfawr gyda gair o eglurhad am hanes yr adeiladau i gyd-fynd â phob llun.

Yma ar Bont Saint yr oedd un o dollbyrth mwyaf llewyrchus y wlad. Yn 1808 fe gasglwyd £280 mewn tollau a'r rhan fwyaf gan droliau yn cario llechi o chwareli Nantlle.

Mae Afon Seiont yn troi o fod yn afon wledig i fod yn afon ddiwydiannol wrth i ni gyrraedd cefn adeiladau Cartrefi Cymunedol Gwynedd. Ond mae o'n llecyn bendigedig i ddod efo sbienddrych. Yma fe welwch chi adar fel y crëyr glas, degau o hwyaid (y rhai sy'n dod yma yn y gaeaf fel y *mergansers*, *gooseanders* a'r llygaid aur) ac weithiau blymiwr mawr y gogledd. Llyn Du sy'n dod nesa, gyferbyn â grisiau

Jôs Bach (fo oedd Sgwlyn yr hen ysgol). Os byddwch chi'n eithriadol o ddistaw ella y gwelwch chi las y dorlan yn eistedd ar yr hen jeti. Ben bore ydi'r amser gorau i'w weld.

Gerllaw yr oedd y Fflatiau Insinerator. Beth yn y byd oedd y rheiny? Yn syml, llain o fwd lle bu ffwrnais unwaith. Byddai popeth dan haul yn mynd i grombil hon a Chaernarfon yn cael gwared â'i gwastraff ymhell cyn dyddiau ailgylchu.

Rydach chi'n siŵr o sylwi ar stesion y trên bach i Borthmadog. Y lein yma oedd yn dod â'r llechi i lawr o Ddyffryn Nantlle. Rŵan mae hi'n cario ymwelwyr i ryfeddu ar Eryri. Gyferbyn â'r stesion y mae hen gartref Clwb Rygbi Caernarfon. Yn y blynyddoedd cynnar cafwyd sawl noson gofiadwy yn hen adeilad prentisiaid de Winton!

Dyma ni dan gysgod y castell. Gadael iddo edrych i lawr arnom wnawn ni tra bod ein golygon ar Gei Llechi sydd bellach yn faes parcio ond yn dal yn angorfa i gychod pleser a gwaith. Edrychwch yn ôl i fyny'r afon ac ar y tro fe welwch sgerbwd llong y *Lille*. Fe'i gosodwyd yno i ailgyfeirio cwrs yr afon tuag at Gei Llechi. Gyferbyn, ar ochr orllewinol yr afon wedyn mae cwch pleser y *Queen of the Sea* wedi'i angori dros y gaeaf. Cyfle i Emrys y capten gael gweithio arno cyn ei roi yn y dŵr ar gyfer gwyliau mis Mai.

Cyn y flwyddyn 1799 roedd eogiaid wrth y cannoedd yn cael eu rhwydo yn aber Afon Seiont.

Cymaint oedd y ddalfa nes bod pysgod yn cael eu gwerthu am gyn lleied â thair ceiniog y pwys. Nid oedd modd i hyn barhau. Roedd bywoliaeth llawer dan fygythiad a bu'n rhaid i'r ynadon yn y diwedd gyhoeddi y byddai dirwy o ddeg swllt i unrhyw un a gâi ei ddal yn pysgota eog.

Mae Caernarfon wedi bod yn borthladd ers cyn co'. Gwyddom fod gan y Rhufeiniaid gei islaw Hen Walia (sydd i fyny'r afon o ble rydym ni ar y funud). Rhwng 1830 a 1880 byddai Cei Llechi yn fwrlwm o weithgaredd gyda channoedd o longau yn mynd a dod. Roedd dros saith mil tunnell o lechi o chwareli Dinorwig a Nantlle yn gadael y cei i borthladdoedd Ewrop, America ac Awstralia.

Yn ei anterth, yn y 19eg ganrif roedd Caernarfon yn ganolfan gwleidyddiaeth, crefydd ac addysg Cymru hefyd. Cynhelid cyfarfodydd enfawr yn y Pafiliwn. Roedd yn adlewyrchiad o fwrlwm y diwydiant adeiladu llongau, y môr-feistri a'r marsiandïwyr, y perchnogion siopau, argraffdai, ffowndris a gwestai'r dref.

Edrychwn i lawr tuag at aber yr afon i'r Fenai at Bont 'Rabar fel mae Cofis yn ei galw. Cyn i'r hen bont gael ei chwalu yn 1969 roedd ceir yn gallu ei chroesi gan dalu toll fechan. Ac er bod yr hen bont wedi mynd mae Hogia'r Wyddfa yn dal i ganu amdani! Mae'r Lee Ho wedi diflannu hefyd. Hwn oedd y '*Floating Restaurant*', y caffi cwch. Roedd yn lle braf am baned neu bryd o fwyd a bu'n rhan o'r dref ers blynyddoedd. 'Be ti'n galw'r *Floating Restaurant* pan mae'r llanw allan?' gofynnodd rhywun ryw dro. '*Restaurant*' ydy'r ateb, wrth reswm!

Roedd gan y Clwb Rhwyfo adeilad yn edrych draw at y castell yn yr hen ddyddiau. Nid yw yno mwyach ond mae 'na Glwb Rhwyfo o hyd, er ei fod bellach wedi ymgartrefu yn y Clwb Hwylio. Roedd fy nhaid, Henry William, yn aelod o'r Clwb Rhwyfo yn ei ieuenctid.

A dyna ni wedi cerdded rhan fechan o Afon Seiont. Mae'n daith fach hyfryd ac yn werth tynnu'r sgidiau cerdded a'r ffon 'na o'r cwpwrdd ar ei chyfer.

Y Fenai (a'r Foryd)

Mae'r dref wedi cael ei hamgylchynu gan ddŵr. Dwi wedi sôn am Afon Seiont a Chadnant. Mae 'na un arall go bwysig hefyd. Afon Menai, y culfor enwog sy'n cwblhau amddiffynfa'r Normaniaid trwy gael tair ochr o ddŵr i greu tref a chastell ar benrhyn.

Mae Afon Menai yn rhedeg o Fiwmares yn y dwyrain i Belan yn y gorllewin, yn 16 milltir o hyd ac yn gul iawn mewn mannau. Does dim ond 1,600 troedfedd rhwng Moel y Don a'r Felinheli er enghraifft. A llai fyth lle mae'r pontydd wrth gwrs.

Ond nid y Fenai i gyfeiriad Felin sy'n mynd â'm bryd i ond yr ychydig filltiroedd o Gaernarfon i Abermenai, sef y Foryd. Mi gychwynnwn wrth Bont 'Rabar a throi cefn ar y dref a'i chastell.

Mae Castell Bach yng Nghoed Alun wedi bod yn lle i blant chwarae ers cyn co'. Mae'n arbennig o dda pan fo eira wedi disgyn gan fod y llethr yn cynnig ei hun i sled – rhyw fath o Cresta Run y Cofi! Mae rhai yn dweud bod yna dwnnel yn mynd o'r Castell Bach i Gastell Caernarfon o dan Afon Seiont. Mae'r Cofis yn hoff iawn o'r syniad a'r straeon am dwneli, gan amlaf toc wedi un ar ddeg y nos. Mae Coed Alun wedi ei enwi ar ôl Alun Mabon, arwr sy'n cynrychioli'r werin ac sydd wedi ei anfarwoli yn y dilyniant o gerddi gan John Ceiriog Hughes. Mae pawb yn cofio'r llinellau agoriadol:

> Aros mae'r mynyddau mawr,
> Rhuo trostynt mae y gwynt;
> Clywir eto gyda'r wawr
> Gân bugeiliaid megis cynt.

…a'r rhain sy'n cloi efallai:

> Wedi oes dymhestlog hir
> Alun Mabon mwy nid yw,
> Ond mae'r heniaith yn y tir
> A'r alawon hen yn fyw.

Drws nesa i Goed Alun, neu oddi tanynt, mae caeau chwarae Coed Helen, lle bu'r Clwb Rygbi yn cynnal eu gêmau cyn symud i'r Morfa. Fan hyn y sgoriais i un o'r ychydig geisiau i mi sgorio erioed.

Dafliad carreg o'r caeau roedd Baths Caernarfon, yn enghraifft hyfryd o Lido Fictoraidd. Fe'u hagorwyd ar Fai 18fed 1905 a bu'n gyrchfan nofio i deuluoedd hyd nes eu cau yn 1986. Dŵr môr oedd yn llenwi'r pwll, dŵr oedd yn cael ei newid yn naturiol gyson gan lanw a thrai wrth gwrs. Cyn dyfodiad ystafelloedd ymolchi mewn tai byddai trigolion dre yn dod i'r baths i 'molchi ac am naw ceiniog yn cael dŵr oer. Roedd dŵr cynnes yn ddeuswllt.

Yn ôl ar y Fenai, mae ein cyfaill Tony Lovell yn gallu rhestru'r clytiau pysgota sydd yn mynd o Bont 'Rabar ar hyd y Foryd, heibio'r baths, i Gaer Belan, Pwll Glas, Porthlleidiog a Gorad Gwyrfai. I'r pyllau yma y byddai pysgotwyr Caernarfon yn hel y pysgod a'u rhwydo'n hawdd cyn mynd â nhw i'r farchnad.

Ym mis Mehefin 1933 cafwyd un o'r helfeydd mwyaf i'w recordio ar y Fenai pan ddaliwyd 41 eog yn pwyso tua 700 pwys. Roedd John Lovell, un arall o'r teulu, a'i griw o dri wedi hwylio'n gynnar un bore i bysgota yn agos i'r dref wrth ymyl y Baths ac oherwydd y llanw isel roedd y pysgod yn berwi yn y Fenai. (Cyn y bore hwnnw roedd John, yn ystod y tymor, eisoes wedi dal dros 100 o bysgod yn pwyso bron iawn i 1,500 pwys.) Credir bod y daliad mwyaf cyn hynny ddeugain mlynedd ynghynt pan rwydwyd 500 i 600 pwys gan griw y cwch *Salvation*. Tydy hyn ddim yn digwydd bellach gyda'r eog wedi diflannu o'r Fenai. Ar un adeg roedd saith cwch yn pysgota o'r doc. Heddiw nid oes un.

Rydym rŵan wedi cyrraedd Is-Helen a'r ffin rhwng plwy Llanbeblig a phlwy Llanfaglan ac mewn gwirionedd yn gadael Caernarfon, ond os trowch ac edrych yn ôl am y dref mae'r olygfa yn un arbennig. Y Fenai yn arwain y llygaid i'r castell, yna i Ben Twtil ac wedyn i fynyddoedd y Carneddau. Mi es i â chyfeillion o Lydaw dros yr Aber ryw ddiwrnod a thynnu eu sylw at yr olygfa – '*belle vue*' oedd eu hymateb ac mae hi yn '*belle vue*' bob tro pan fyddaf ar fy ffordd adra ar y beic.

Dyma ni yn Bryn Teg, tŷ hyfryd ar fryncyn uwchlaw'r Fenai a chartref y teulu Matthews ers blynyddoedd. Drws nesa i Fryn Teg mae Clwb Golff Caernarfon a sefydlwyd yn 1909. Cwrs deunaw twll gyda golygfeydd godidog o Eryri o bron bob lawnt, llain a thi. Mi geisiais chwarae mymryn pan oeddwn yn iau. Doeddwn i fawr o Tiger Woods ond fe gafodd Dafydd Arthur 'heffer' yn lle 'eagle' unwaith – ta 'hole in one' oedd hi? Roedd yr hogyn wedi sleisio'r bêl a tharo buwch yn y cae nesaf!

Wrth wneud ein ffordd tua'r gorllewin awn heibio Ffynnon Lleidiog, un o ffynhonnau niferus Caernarfon. Mae Porth Lleidiog yn borthladd bach naturiol lle byddai rhai llongwyr ers talwm yn dadlwytho eu cynnyrch a'i gario i'r dref am fod glanio yn rhatach ym Mhorth Lleidiog nag yng Nghaernarfon a Phorth yr Aur. Porth Mwd mae'r Cofis yn galw'r bae bach hwn a phan fo trai, mi welwch pam!

Awn heibio Ysgubor Isaf ac at Dŷ Calch lle mae rhes o gychod naill ai yn y môr neu yn barod i'w llusgo gan dractor. Wrth ochr y tŷ roedd yr odyn galch. Mae ei holion i'w gweld dros y clawdd o hyd.

Mae'r Foryd yn agor o'n blaenau rŵan ac mae Gorad Gwyrfai, sef un o glytiau dal pysgod Tony

Lovell, yn nesáu. Mae'n bosib bod y safle hwn yn mynd yn ôl i oes y mynaich. Yn y fan hon y byddent yn dal eu swper. Sylwch ar y tir yn mynd allan i gyfeiriad Belan ac wedyn yn troi yn ôl at y tir i greu powlen a fyddai'n weddol hawdd i rwydo eog môr, lledod a mecryll yn eu tymor.

Ar gopa bryncyn gerllaw mae un o drysorau Gwynedd os nad Cymru. Nid yn unig fod eglwys Llanfaglan mewn lleoliad hyfryd ond mae ei hanes yn wirioneddol ddiddorol. Mae'r eglwys fewnol yn union fel yr oedd hi yn y 18fed ganrif a'r tawelwch yn mynd â rhywun i fyd arall. Ym mhorth yr eglwys mae ffenest gyda dwy garreg fedd ag arnynt lun llong sy'n gwneud i rywun feddwl mai morwyr sydd wedi eu claddu dan y garreg. Ond mae trysor arall tu mewn i'r eglwys. (Mae fy nghyfaill Ifor Dylan yn fodlon agor yr eglwys i grwpiau yn ystod yr haf.) Mae trawst y drws yn garreg fawr dau fetr o hyd gyda'r geiriau, 'FILLI LOVERNII / ANATEMORI' (Carreg Anatemorus mab Lovernius) arni.

Mae'r fynwent yn grwn, sy'n golygu bod y safle yn llawer hŷn na'r 6ed ganrif pan sefydlwyd cell yma gan Baglan. Mae Ifor yn dweud bod lluniau o'r awyr yn dangos olion llawer ehangach. Mae hyn yn gofyn am waith ymchwil ac yn her i archeolegwyr i ddarganfod gwir werth eglwys Llanfaglan. Mi soniais eisoes am fy ffrind Dafydd Arthur a fu farw'n ddisymwth. Mae o wedi ei gladdu yma ac mi fydda i yn galw am sgwrs reit aml pan fydda i'n mynd rownd y Foryd ar fy meic. Dwn i ddim ydy o'n cael y newyddion gen i, ond mae'n deimlad braf gallu patro efo'r hogyn.

Mae bedd Dafydd arall, Dafydd 'Rabar (chwi wyddoch am y gân enwog am ei gwch) ochr arall y fynwent. Roedd David Pritchard yn rhedeg un o'r fferis ar draws y Fenai ac yn llongwr lleol enwog iawn.

Mae'r daith bron ar ben ond beth am aros wrth y llong fach smala ac edrych trwy'r sbienddrych ar bob math o adar cynhenid a mudol sy'n heidio i'r Foryd i fwydo yn y cynefin pwysig hwn? Ar lanw isel mae adar dŵr fel chwiwell, hwyaden yr eithin, y bioden fôr, y gylfinir a'r gornchwiglen i'w gweld yma. Os byddwch yn amyneddgar ella gwelwch chi hebog yn hela neu grëyr bach yn yr afonydd sy'n rhedeg trwy'r twyni a'r mwd. Mi fydd yma hogia yn hel abwyd ar gyfer mynd i bysgota mecryll yn y gwanwyn ac mae 'na siawns go dda y bydd Tony Lovell yn ei welingtons yn eu plith.

Mae Trwyn Abermenai o'n blaenau a Chaer Belan ein hochor ni o aber y Fenai i'r môr, neu'r 'Gap' fel mae llongwyr yn ei galw. Adeiladwyd Caer Belan i amddiffyn y Fenai rhag llynges Ffrainc yn ystod rhyfeloedd Napoleon ac mae bellach yn llecyn i fynd am wyliau neu i angori cwch.

Wrth droi i fyny'r allt am bentref Llanfaglan rydym yn gadael un o'r llefydd mwyaf hudolus dan haul, lle bydda' i yn dod yn aml i werthfawrogi ei ogoniant. Crisialwyd fy nheimladau i'r dim mewn englyn i'r *Foryd* gan fy mêt Robin Evans:

Erwau oer neu fôr o ŷd – awr o saib
    Fore Sul yw'r Foryd,
   Orig o bwyll rhag y byd ,
   Hafan i gofio hefyd.

Cwch Bach Glas

Bob tro dwi'n edrych trwy ffenest fy llofft dwi'n ei weld o, bob dydd ym mhob tywydd. Mae o mor ddel a thwt â chwch plentyn – wastad 'run fath, glaw neu hindda.

Anaml iawn y bydd o'n cael ei symud. Mae o wastad ar y gwlâu cregyn gleision rhwng Traeth Gwyllt a glan môr Tal y Foel. Ond weithiau, dim ond weithiau, fe fydd 'na floedd o'r stafell ffrynt: 'mae o'n symud!' A dyna pryd y bydda' i'n gwirioni wrth weld y Cwch Bach Glas yn stemio tuag at hen dafarn y Mermaid ac yn ôl.

Yn Tal y Foel yr oedd fferi Caernarfon yn glanio ar Ynys Môn erstalwm. Bryd hynny roedd y fferi yn dipyn mwy na chwch yn croesi o un lle i'r llall a'r llongwr yn codi arian am y fraint. Gwasanaeth oedd y fferi a gwefan ei chyfnod – ar y dŵr. Yn ogystal â chario pobol, byddai'r fferi yn cario nwyddau o bob math, anifeiliaid, post a phlant i'r ysgol yng Nghaernarfon yn ogystal â chlecs a straeon. Byddai'r stemar yn glanio ar y slip wrth Doc Fictoria. Yno i'w chyfarfod byddai pobol y dref yn dod i chwilio am nwyddau angenrheidiol, fel fy nhaid, Henry William. Disgwyl am Mrs Jones, Brynsiencyn a'i menyn hallt y byddai o.

Golygfa o tŷ ni i Tal y Foel

Ar un adeg roedd 'na chwe fferi yn croesi'r Fenai: Caernarfon i Tal y Foel ac Abermenai, Y Felinheli i Moel y Don, fferis Bangor, Porthaethwy, Porthyresgob a fferi Llan-faes ger Biwmares.

Y fferi ola i hwylio o Gaernarfon oedd *Motor Launch* ML *Arfon*, adawodd ar y 30ain o Orffennaf 1954 am 5.00 o Gaernarfon cyn croesi 'nôl am 5.15 am y tro ola gan roi terfyn ar wasanaeth o dros 700 mlynedd. Blynyddoedd meithion o lewyrch, ond nid heb eu trafferthion a'u trychinebau.

Ar y môr mae 'na ddamweiniau yn digwydd, a bu sawl llongddrylliad ar y Fenai dros y canrifoedd. Doedd hyd yn oed peilots llongau a badau achub – yn Llanddwyn, Clynnog a Chaernarfon – ddim yn gallu atal y rheiny rhag digwydd a byddai'r rhan fwyaf o drigolion y dref wedi colli rhywun ar y môr neu wrth eu gwaith yn yr harbwr neu yng Nghei Llechi.

Yn 1664 digwyddodd damwain fawr yn Abermenai a hynny ar ôl dadl am geiniog rhwng teithiwr a'r llongfeistr. Aeth yn ffrae go wyllt mae'n rhaid. Suddodd y fferi a boddwyd pawb.

Yn 1723 suddodd fferi arall yn Abermenai gyda dim ond un hogyn ifanc yn llwyddo i oroesi, trwy afael yng nghynffon ceffyl, yn ôl y sôn, a chael ei lusgo i'r lan.

Ar yr ail o Fai, 1835 cafodd y slŵp *Elizabeth* ei hollti gyferbyn â Hoylake wrth fynd â llwyth o lechi o Gaernarfon i Lerpwl. Aeth i drafferthion am chwech y bore a chollwyd pawb oedd ar fwrdd y llong, gan gynnwys y meistr, Capten Evans.

Un arall a gollwyd oedd y brig *Robert*. Roedd honno yn cario llechi o Dre ar noson y 27ain hyd fore'r 28ain o Chwefror 1840, ac fe suddodd oddi ar arfordir Cernyw. Naw mlynedd yn ddiweddarach suddodd y smack *Blue Vein* oddi ar arfordir Ynys Manaw mewn storm anferthol ac yn 1861 collodd y *Daniel* ei holl griw, eto oddi ar arfordir Cernyw, ar ôl taro y sgwner *George IV*.

Mae'r rhestr yn parhau wrth i ni gofio am y smack *Union* yn suddo wrth ymyl Penmaenmawr. Cario brics oedd honno ym mis Mai 1852 ac fe foddodd y capten a'r mêt.

Segontiwm

A r fryncyn uwchlaw Caernarfon mae olion tref arall
hynafol iawn, sef caer Rufeinig Segontiwm.

Julius Agricola, ymerawdwr Prydain, sefydlodd y
gaer. Roedd hynny tua OC 77 ar ôl iddo ddinistrio
llwyth lleol y Deceangli, wedi i'r rheiny yn eu tro
gael y gorau ar gatrawd o Rufeinwyr oedd ar eu
ffordd o Canovium (Caerhun) i Segontiwm. Mae'r
hollwybodus Tacitus yn dweud wrthym fod Agricola
wedi ymladd cymaint fel mai blinder a'i lladdodd yn
OC 193 ac nid y brwydro. Mae peth ansicrwydd
ynglŷn â tharddiad yr enw. Rhai'n dweud mai ar ôl
llwyth lleol, sef y Segonti, y cafodd ei henw. Eraill yn
dweud mai ar ôl Afon Seiont.

Segontiwm, fodd bynnag, oedd prif gaer gogledd
Cymru wedi'r goncwest Rufeinig. Roedd hi'n
eithriadol o bwysig yn economaidd i'r Rhufeiniaid
fel man casglu trethi – ar gynnyrch fel grawn a
phob math o nwyddau. Roedd hefyd yn allweddol
bwysig fel porthladd. Galluogai'r llynges Rufeinig i
gael rheolaeth ar afon Menai ac i ddod â nwyddau
allweddol i'r lleng.

Arhosodd y Rhufeiniaid yma tan y 5ed ganrif,
cyfnod hwy nag mewn unrhyw gaer arall yng
Nghymru.

Mewn llythyr at olygydd yr *Archaeologia Cambrensis* yn 1845 fe sonnir am lwybr tanddearol a ddarganfuwyd ar waelod y bryn. Fe gyfeirir ato fel tŷ Rhufeinig. Gan nad oedd amgueddfeydd yng Nghymru bryd hynny aethpwyd i boeni'n arw fod trysorau o safleoedd fel Segontiwm yn cael eu colli, yn wir eu dwyn gan helwyr trysor. Dyma fu'n gyfrifol am sefydlu'r amgueddfeydd cyntaf yng Nghymru.

Wrth adeiladu ficerdy newydd yn 1846 (ar y rhan ddeheuol o'r hen gaer, sydd bellach wedi hen ddiflannu) daeth gweithwyr hefyd o hyd i olion ffynnon bum troedfedd sgwâr a 21 troedfedd o ddyfnder. Roedd ochrau'r ffynnon yn gerrig pum troedfedd o hyd a'r rheiny wedi'u naddu'n berffaith â chŷn. Doedd dim angen sment i ddal y rhain efo'i gilydd. Yn ddiddorol fe ddarganfuwyd bod y cerrig yn waliau'r dref Normanaidd islaw yn union yr un fath â cherrig y ffynnon. Mae'n amlwg bod y Normaniaid wedi bod yn dwyn cerrig o Segontiwm yn union fel y bydda'r Cofis yn dwyn cerrig o'r castell i adeiladu tai rai canrifoedd yn ddiweddarach!

Pan edrychwch ar yr olion heddiw nid oes dim byd trawiadol i'w weld, dim ond muriau isel o gerrig llwyd. Fe archwiliwyd y safle yn 1921 gan y diweddar Syr Mortimer Wheeler, oedd ar y pryd yn gyfarwyddwr archeoleg yn Amgueddfa Genedlaethol Cymru.

Daeth ef a sawl un arall ar ei ôl i sylweddoli bod gan

y gaer fach hon dipyn o stori i'w hadrodd. Mae hi'n mesur 510 wrth 415 troedfedd, sy'n ei gwneud yn bum acer a hanner. Yn wreiddiol roedd ei gwneuthuriad o goed ond mae hi wedi cael ei hailadeiladu sawl gwaith ers hynny – yn y blynyddoedd OC 140, 200, 300 a 350. Ac fe wnaeth y Rhufeiniaid hi'n 'fodern' iawn; waliau cerrig, baracs ynghyd â dwr poeth i'r milwyr a'r ceffylau.

Byddai lleng o hyd at 1,500 o ddynion yn sefydlog yn Segontiwm. Roedd y baracs yn dal 80 o lengfilwyr neu 64 o farchogion. Ac ar gyrion y gaer sefydlodd y bobol leol (a gweision y gatrawd) bentref o adeiladau coed a gwellt.

Roedd dwy ran i'r gaer. Segontiwm oedd y brif gaer ar ben y bryn gyda Hen Walia yn is-gaer, porthladd a storfa ger yr afon. Mae rhannau o'r waliau hynny i'w gweld wrth deithio i mewn i dref Caernarfon o gyfeiriad Porthmadog. Mae'r brif gaer wedi cael ei hollti gan ffordd Llanbeblig. Mae'n werth mynd i'r rhan ddeheuol, sy'n anodd ei gweld o'r lôn bost, er nad ydy hi ar agor i'r cyhoedd – yn swyddogol! Ceisiwch chi ddweud hynny wrth hogia dre sy'n chwarae ffwtbol ac yfed lagyr yno. Mae tipyn o'r muriau i'w gweld o hyd ac os craffwch chi fe welwch olion y baddondy a thŷ un o'r uwch swyddogion.

Mae 'na sôn bod criw o'r dref wedi mynd ar fws dybl decar i Feddgelert ryw dro a bod y rhai a eisteddai ar y llawr ucha wedi gweiddi wrth weld yr olion deheuol: 'Yli, maen nhw 'di rhoi *footings* lawr fama, ydyn nhw'n bildio tai newydd ta be!?'

Mae'r gaer hefyd yn rhan o'n chwedloniaeth ni. Cofiwn am Facsen Wledig (a'i Freuddwyd) chwedl cantor cyfoes nid anenwog! Yn ôl y stori fe syrthiodd Macsen i gysgu ac mewn breuddwyd mae'n cael gweledigaeth ryfedd. Mae'n teithio dros yr Alpau, trwy Gâl a thros y Môr Udd i Ynys Prydain. Yna mae'n cerdded i ogledd-orllewin yr ynys gan weld caer ysblennydd wrth aber gyda mynyddoedd gwyllt a choed y tu ôl iddi ynghyd ag ynys ffrwythlon gyferbyn. Caer yn Seint oedd y lleoliad. Caernarfon ydy hi heddiw meddan nhw.

Magnus Maximus, cadfrigog o dras Sbaenaidd, oedd Macsen mae'n debyg a bu'n ymladd yn erbyn y Pictiaid a'r Gwyddelod. Fe geisiodd ddod yn ymerawdwr yn 383 OC. Does 'na ddim sail ffeithiol iddo erioed fod yn Segontiwm. Ond mae'n dal yn stori dda.

Mae chwedloniaeth (leol y tro hwn) yn honni hefyd fod yr Ymerawdwr Cwstenin wedi cael ei ailgladdu yng Nghastell Caernarfon ar ôl i'r Normaniaid ddod o hyd i'w fedd yn Segontiwm. Mae'r Cofis yn hoff iawn o straeon, yn enwedig os oes wnelon nhw unrhyw beth â'r Rhufeiniaid.

Roedd y dramodydd Gwenlyn Parry yn byw wrth ymyl Caer Segontiwm ar un adeg. Honnai Gwenlyn fod ysbryd Rhufeiniwr yn symud ei gig moch pan fyddai'n gwneud brechdan ben bore.

Dros y canrifoedd ni ddatgelodd Segontiwm ei chyfrinachau i gyd. Yn 80au'r ganrif ddiwethaf daethpwyd o hyd i deml y duw mytholegol Mithras wrth agor ffosydd i ddatblygu stad o dai gerllaw. Fe gysylltwyd â Chyngor Bwrdeisdref Arfon ac fe gytunwyd i atal y gwaith tra bod archeolegwyr yn mynd ati i archwilio'r safle. Duw o Bersia oedd Mithras a gafodd ei dderbyn gan y Rhufeiniaid tua 68 O.C. Dim ond chwe theml i Mithras sydd wedi eu darganfod ym Mhrydain. Mae'r lleill yng Nghaerleon ger Casnewydd, Caerfyrddin, Caer, Caerliwelydd (Carlisle) a Castlesteads yn Cumbria. 'Tai Newydd' ydy enw'r stryd lle daethpwyd o hyd i deml Mithras. Ie, tai newydd ar safle oedd yn bodoli 1,800 o flynyddoedd ynghynt!

Mae'n hyfryd meddwl bod y dref fach hon wedi bod yn lleoliad o bwys ers bron i ddwy fil o flynyddoedd a bod olion y rhai a ddaeth yma i orchfygu i'w gweld o hyd, heb sôn am olion eu hiaith sy'n britho'n Cymraeg ninnau hyd y dydd heddiw.

Iaith

Mae Caernarfon wedi bod yn dref ryngwladol ers canrifoedd. Cyn i'r Rhufeiniaid ddod yma a sefydlu eu caer yn Segontiwm roedd pobol Frythonig wedi ymgartrefu mewn caer ar Ben Twtil. Datblygodd eu hiaith nhw i fod yn Gymraeg. Mae hi yma felly ers dros ddwy fil o flynyddoedd ond ei bod wedi newid yn aruthrol ers yr adeg honno wrth reswm. Gyda llaw, mae'n debyg mai benthyg Seigont o enw'r afon wnaeth y Rhufeiniaid, er mwyn enwi eu caer newydd.

Ond yna, yn ddiweddarach, pwy ddaeth ond y Normaniaid felltith efo'u cestyll a'u harfau a'u tref filwrol frwnt ac wrth i'w hiaith Ffrangeg ymuno â'r Anglo Sacsoneg mi ddatblygodd yn Saesneg cynnar gyda Ffrangeg ac ambell air Cymraeg wedi ei ddwyn gan y brodorion. Byddai cawdel o ieithoedd ar hyd strydoedd hen dref Caernarfon. Mae hyn i'w weld yn natblygiad enwau'r dref dros y canrifoedd: Caer Seiont, Caer Segont, Segontiwm, Caer Eudav, Octavium, Caer Sallwg, Caer Salloch, Sallulium, Caer Cystenydd, Caer Cystenyn, Constantium, Minmanton ac, erbyn hyn, Dre.

Trwy gydol y datblygiad ieithyddol roedd y bobol leol yn dal i ffermio, pysgota, marchnata, caru a chwffio yn Gymraeg. Pan ddaeth morwyr o bob cwr yma i'r

Cei Llechi a'r Doc cyflwynwyd ieithoedd newydd i'r dref: Saesneg yn bennaf, ond roedd ieithoedd Ewrop a thu hwnt i'w clywed hefyd. O'r Saesneg y daw y gair Cofi, sef *covey*, gair am gyfaill. Felly, nid yw'r chwedl bod yn rhaid i rywun gael ei eni o fewn muriau'r dref i fod yn Gofi go iawn yn wir gan ein bod i gyd yn Gofis mewn gwirionoedd. Dwi'n sicr o gael cweir am ddweud hyn gan rai Cofis!

Bellach mae 'na ieithoedd newydd i'w clywed rownd Dre gan fod pobol o Bangladesh, Gwlad Pwyl, Hwngari a sawl gwlad arall yn cael eu cynrychioli a'u clywed yng nghanol tref y Cofis. Yr hyn sy'n bwysig ydi bod 'na Gofis yn Dre sy'n dal i siarad hen iaith y Cofi o hyd – ar y strydoedd, mewn caffis, siopau a thai potas.

Mae'r Cofis yn enwog trwy Gymru ac ar draws y byd am eu gallu i droi pob dim yn ysgafn. Sych ond gwamal! Mae'n iaith gomedi dda. Dyma i chi rai o'r dywediadau sydd wedi dal fy nghlust i: mae'n ddigon oer i rewi rhech!; ma' 'mhen i yn 'y nhin i!; cyw buwch yn b'yta blew cae!; wela i di, 'sna wela i di!; mae'r strew wedi micsio'r giaman.

Wedyn, y ffugenwau. Pwy oedd y rhain a beth oedd eu hanes tybed? Martha Hwb, Owain Jôs Dau Funud, Cwd Bwdin, Smoli Twt, Dryw Bach, Hwn a Hwn Amen, Mari Gwcw, Ifan Gogoni, Dafydd Cranc, Twm Sens, Twm Sentimen, Wil Tŷ Nain, Mari Binna, Gwynab Dima, Rob Robin.

Ac yna'r eirfa unigryw: Caernafron, crips, llerfith, rhegad a bewri. Dyma'r tueddiad sydd gennym o newid patrwn llythrennau. A beth am:

piri – *poeri*, naru – *fe wnes i*, stagio – *edrych*, strew – *deryn to*, beilandar – *rhywun sy'n defnyddio llaw chwith*, patro – *siarad*, giddil – *gilydd*, napar – *pen*, giaman – *cath*, fodan – *merch* , apad – *ateb*, cowlsilons – *cynghorwyr*, ceuso – *cafodd*, dyn tywyll – *dyn dall*, giami – *drwg*, gwymad – *wyneb*, lyrcs – *celwydd*, mags/giaps – *arian*, migmas – *drygioni,* scran – *bwyta*, swalo – *llyncu mwg sigaret*, talfar – *catapwlt*, a jinipedars – *cennin pedr.*

Mae llawer o'r rhain, yn enwau a phobol, wedi hen ddiflannu ond fe glywch chi ambell un ar y stryd o hyd. Nid felly wrth sôn am arian, neu fags a ciaps.

Hannar bwl a hannar croch oedd dau swllt a chwe cheiniog i'r Cofi. Hog – swllt, sei – chwe cheiniog, magan – dimai, sgrin – papur punt. Mae'r geiriau am arian gan mwyaf yn dod o Loegr neu Ffrainc e.e. sei ydi'r '*sou*' Ffrengig ond bod y Cofi wedi ei fabwysiadu. Ond ni biau'r niwc (ceiniog), sef y cwin am yn ôl. Bellach tydy'r genhedlaeth iau ddim yn gyfarwydd â'r hen bres heb sôn am hen bres y Cofi.

Ac mae un gair bach ar ôl onid oes?!

Doedd y Cofis ddim yn defnyddio'r gair hyll c★★t tan yn eitha diweddar. Os ewch yn ôl i'r saithdegau cynnar prin iawn fyddai'r defnydd ohono ar y Maes a thu hwnt. Shinach, ffwbat neu strew fyddai yn cael ei ddefnyddio i ladd ar rywun. Erbyn hyn mae'r gair bach pedair llythyren yn enwog am fod yn rheg ac yn derm o anwyldeb – yn fodd i gyfarch eich gelyn pennaf a'ch cyfaill gorau. Dim ond yn Dre!

Er gwaetha pawb a phopeth, fodd bynnag, ma' Cnafron wedi llwyddo i gadw'i Chymreictod a'r Gymraeg yn well na'r un dref Normanaidd arall. Er gwaetha'r gormes a'r rheolaeth estron mae hi'n dal i fod y dref fwyaf Cymraeg yn y byd! A thra pery'r Cofi i ddefnyddio niwc a giaman a fodan (a chreu ambell i air newydd fel hercan am 'dorri gwallt') mae 'na siawns na fydd yr iaith yn diflannu, fel y llongau llechi, i'r machlud pell.

Gefeillio

Eleni (2013) byddwn yn dathlu 20 mlynedd o efeillio, o ddathlu y berthynas glòs rhwng dwy dref. Caernarfon yng Nghymru a Landerne yn Llydaw.

Croeso, *digemer mad, bienvenue* a *welcome* yw'r geiriau ar boster mewn siopau, tai bwyta a thafarnau ers yr ymweliad cyntaf yn 1994.

Mae'r cysylltiad rhwng y ddwy dref wedi tyfu dros y blynyddoedd a bellach rydym yn gyfeillion o fewn y gefeillio. Mae Maurice Recq a minnau yn adnabod ein gilydd ers yr ymweliadau cyntaf, er i Maurice ddod i Gaernarfon yn y 70au ymhell bell cyn i'r gefeillio ddechrau.

Ers i Jean Pierre Thomin, Maer Landerne, ddod i Gaernarfon gydag ychydig o'i gyd-gynghorwyr yn 1992 a dechrau'r broses, mae ymweliad, y naill ffordd neu'r llall, wedi digwydd bob blwyddyn… ond dwy. Bu'n rhaid i'r Llydawyr aros adra yn 2001 pan oedd clwy'r traed a'r genau ar grwydr. Ac mi fethon ni â mynd yno unwaith am nad oedd gwestai ar gael yn Landerne oherwydd Gŵyl fawr Brest.

Caergybi oedd dewis cyntaf Jean Pierre ond ni chafodd lawer o gefnogaeth yno, felly Caernarfon oedd y dewis nesaf am ei bod yn dref hollol Gymreig.

Roedd JP yn benderfynol hefyd o hybu'r iaith Lydaweg yn ei dref ei hun.

Dechreuodd y broses gysylltu gyda merch o Landerne, Annie le Coz. Roedd Annie, oedd wedi dysgu Cymraeg yn Aberystwyth, a minnau yn cadw mewn cysylltiad trwy ddefnyddio ffacs yn Gymraeg, yr unig gysylltiad gefeillio i ddefnyddio'r Gymraeg hyd y gwn i.

Fe arwyddwyd Siartr Gefeillio Caernarfon – Landerne(au) yng Nghastell Caernarfon ar Fai 1af 1994 gan Helen Gwyn, Maer Caernarfon a Jean Pierre Thomin, Maer Landerne. Mae'r siarter i'w gweld yn Siambr y Cyngor yn yr Institiwt.

Landerneau ydy enw'r dref yn Ffrangeg ond mae'r arwyddion stryd yno bellach yn ddwyieithog.

Mae'r dref hynafol yn ardal Finistere ym mhen eithaf gogledd orllewin Ffrainc ac wedi'i lleoli ar afon Elorn. Mae'r dref yn enwog am Bont Rohan, un o'r ychydig bontydd yn Ewrop gyda chartrefi arni. Mae'n dyddio 'nôl i'r 16eg ganrif. Ystyr Landerne yw cell Sant Ténénan (Tyrnog yn Gymraeg). Mae'n ymddangos bod Cymro gyda chelloedd yng Nghlwyd a Gwlad yr Haf wedi croesi i Lydaw yn y 7fed ganrif.

Un o lwyddiannau mawr y gefeillio dros y blynyddoedd (a rhywbeth i ymfalchïo ynddo) ydy'r cysylltiad a wnaethpwyd rhwng Antur Waunfawr a K.A.T., mudiad tebyg yn Llydaw. Mae gweithwyr o'r ddwy antur wedi teithio i'w gefeilldrefi a threulio amser gyda'u cydweithwyr. Dros y blynyddoedd mae'r cyfeillgarwch wedi datblygu. Tra bod 'na gymaint o ffraeo a thynnu'n groes o'n cwmpas mae gweld y gweithwyr yma yn cydweithio a mwynhau cwmni ei gilydd yn werth chweil.

Dros y blynyddoedd mae cerddoriaeth, a chorau yn arbennig, wedi bod yn bwysig iawn yn y broses gefeillio hefyd. Yn amlach na pheidio mae gallu rhannu cân, beth bynnag yw'r iaith, yn gallu croesi ffiniau a chreu brawdgarwch. Mae Côr Meibion Caernarfon wedi ymweld â Landerne yn ogystal â Chôr Dyffryn Peris a Chôr Dre. Ac ni fyddai unrhyw daith i Lydaw yn gyflawn heb Ddawnswyr Caernarfon dan arweiniad Bethanne ac Idwal Williams. Mae'r berthynas rhwng Elorn e Eskell (Dawnswyr Landerne) a dawnswyr Dre yn dal mor gryf ag erioed ar ôl 20 mlynedd.

Mae gormod o bethau wedi digwydd dros 20 mlynedd i'w rhestru yma, ond dyma ddigwyddiad a stori neu ddwy.

Cawsom ymweld ag ynys fechan Molene ar un o'n teithiau. Ar yr ynys fechan hon y mae stiwdio'r cyfansoddwr Didier Squiban. Yn 2012 aethom i'r Amgueddfa Wymon yn Plouguere a chael hanes y diwydiant ffermio gwymon sydd yn parhau heddiw. Cawsom hwylio ar gwch y dref, hen lygar y *Dal Mhad* sydd wedi cael ei adfer gan gyngor y dref. Ar eu teithiau i Gaernarfon wedyn mi es i â chriw i gopa'r Wyddfa a'u dysgu nhw i ddweud 'bendigedig'!

Mae sawl gorymdaith ar hyd strydoedd y ddwy dref wedi digwydd dros y blynyddoedd ac mae clywed Bagad Landerne (gyda'r bombard a'r drwm) a Band Llanrug am y gorau i fyddaru (a swyno!) pawb yn werth ei weld a'i glywed.

Mae rygbi a rhedeg wedi chwarae rhan bwysig yn y gefeillio hefyd gyda Rhedwyr Eryri wedi dod i gysylltiad â Rhedwyr Landerne. Mae'r naill griw a'r llall wedi cymryd rhan mewn rasys yn y ddwy dref a rhai o Landerne wedi rhedeg yn Ras yr Wyddfa. Mae hogia Clwb Rygbi Caernarfon wedi herio hogia Landerne ac ydy, mae rygbi yn dipyn cryfach yn nhre'r Cofis. Does 'na ddim digon o hen gojars draw yn Llydaw i greu tîm Rygbi'r Hen Hogia ond mae Dominique Kergoat yn trio'i ora.

Mae cysylltiadau rhwng Ysgol Syr Hugh Owen a Sant Joseph yn Landerne yn ogystal. Daeth yr athro Saesneg, Joël Eusen, â myfyrwyr draw i Gaernarfon sawl gwaith i weld y dref a chreu cysylltiadau newydd.

Credwn fod creu cysylltiadau rhwng ieuenctid y ddwy dref yn hynod o bwysig. Heb anghofio busnesau'r ddwy dref fel siop Palas Print a siop lyfrau yn Landerne, y canolfannau twristiaeth a thai tafarnau. Mae'r Bachgen Du a'r Castell eisoes wedi dangos parodrwydd i ddod i gysylltiad â Thafarn Keltia a Thŷ Elise yn Llydaw.

Mae pob dim yn costio wrth gwrs ac mae Cyngor

Magi Williams o Ysgol Syr Hugh Owen, Caernarfon a enillodd gystadleuaeth creu logo newydd i'r Gefeillio gyda Dominique Kergoat, ysgrifennydd Pwyllgor Gefeillio Landerne yn ystod ymweliad 2013.

Tref Caernarfon wedi cefnogi'r fenter yn ariannol ers y dechrau. Bellach Cyfeillion Gefeillio yw enw'r grŵp sy'n gweithio i gynnal y cysylltiad ac mae cynlluniau i ddod ag elfennau newydd i'r gefeillio. Ceisio cael mwy o bobol ifanc i gymryd rhan ydy'r nod. Creu diddordeb mewn dod â dwy gymuned yn nes i ddangos bod hwyl, brawdgarwch a chyfeillgarwch yn bosib mewn byd sy'n ymddangos mor frwnt ar adegau.

Yr un peth sydd heb ddigwydd hyd yn hyn yw priodas rhwng dau ifanc o Gaernarfon a Landerne. Dyna beth fyddai gefeillio! Rhywbryd yn yr ugain mlynedd nesa efallai?

Cerddoriaeth

Ers i mi brynu 'Apache' gan y Shadows yn 1960 (er nad oedd gen i droellwr i'w chwarae) dwi wedi bod yn gwrando a chasglu recordiau, caséts, CDs a rŵan y pethau 'na i'w rhoi ar beiriant bach sydd yn ffitio yn eich poced.

Pan ges i beiriant Westminster o siop Strauss yn Dre roedd 'na fwy fyth o sŵn yn tŷ ni. Roedd fy mrawd eisoes yn gwrando ar Ketty Lester, Howling Wolf a ballu. Ond mi es i i gyfeiriad arall. Motown, Black Atlantic a Stax oedd y synau i mi a cherddorion fel Otis Reading ac Al Green.

Ond mi ddechreuodd yr holl beth pan oeddem ni i gyd fel teulu yn nhŷ fy ewyrth a'm modryb yng Nghaer. Roedd 'na glamp o beiriant chwarae recordiau yno. HMV os dwi'n cofio'n iawn ac roedd Anti Ada wrth ei bodd efo'r clasuron. Clywais ran (a dim ond rhan) o'r 'Peer Gynt Suite' gan Edvard Greig cyn i rywun ddweud bod cinio yn barod a dyna ddiwedd ar wrando ar synau Norwy – am y tro. Ar ôl hel chydig o gelc mi es i siop Strauss a phrynu EP o waith Greig. Dw i'n meddwl ei fod yn dal o dan y grisiau yn y tŷ acw – yn ei glawr gwreiddiol ac yn 50 oed bellach.

Wrth fynd trwy'r arddegau a'r ugeiniau cynnar

clywais a chefais fynd i weld pob math o grwpiau ym Mangor, Lerpwl, Llundain ac mewn gwyliau fel Reading. Hon oedd oes Pink Ffloyd, Genesis, Status Quo a'r anfarwol Rolling Stones. Dw i'n cofio tri ohonom yn mynd i Lundain i weld Led Zeppelin yn Earls Court ond roedd ein tocynnau drud ar yr ochor felly ni allem weld dim. Ar ôl cwyno cawsom ein symud i risiau yng nghanol y neuadd a bu 'nghlustiau yn brifo am ddyddiau. Cofiaf weld Pink Floyd yn yr Empire yn Lerpwl yn chwarae 'Dark Side of the Moon' yn 1974 a minnau wedi gwirioni efo'r sain yr oedd y pedwar yn ei chreu. Pan aeth criw ohonom i'r Steddfod yng Nghaerfyrddin yn ddiweddarach yn y flwyddyn doedd y steddfodwrs ddim yn hoffi ein bod ni'n canu 'Ticking away the moments that make up a dull day' wrth gerdded i'r dafarn. Ond roedd y goleuedig rai, oedd yn gyfarwydd â'r albwm, yn cytuno mai dyma'r peth gorau ers dwn i'm pryd. Dwi'n dal i wrando ar 'Dark Side of the Moon' ac yn dal i gofio'r geiriau, a wyddoch chi be, mae'r albwm yn well na'r CD!

Pan ddaeth y Bara Menyn i'r Majestic roedd yn rhaid cael mynd i'w gweld gan lusgo rhai o'r hogia efo fi. Ond ar ôl prynu tocyn roedden ni'n ei miglo hi i'r Prince am beint neu bedwar ac yn colli'r merched del a'r hen ddynion yn canu baledi. Wedyn y byddem ni'n ei heglu hi'n ôl i glywed Heather, Geraint a Mike. Flynyddoedd yn ddiweddarach mi glywais

Geraint Jarman a'r Cynganeddwyr yn chwarae yng nghlwb Casablanca i lawr yn nociau Caerdydd ar benwythnos gêm ryngwladol ac roedd yn rhaid mynd ato i ddiolch am achub nosweithiau'r Majestic i ni hogia Cae Mur.

Roedd y casgliad recordiau / casetiau yn tyfu'n braf erbyn hyn a pheiriannau newydd yn cymryd lle'r hen Westminster. Daeth stereo, yna *quadrophonics* a dyna greu cur ym mhen Mam pan oedd nawfed symffoni Beethoven yn taranu trwy'r tŷ cyngor!

Roedd cael gweld y Rolling Stones am y tro cyntaf yn brofiad a hanner. Yn Roundhay Park yn Leeds oedd hynny – criw o Dre wedi mynd ac Ellis John wedi cael y tocynnau ac yn edrych ar fy ôl am ei fod yn heddwas. Finna efo clefyd siwgr yng nghanol 'mwg drwg' a phethau felly. Pan ddechreuodd 'Honky Tonk Women' roedd pawb ar eu traed yn dawnsio'n wirion. Dwi wedi gweld y Stones sawl gwaith ers hynny ac yn dal i gofio am y diweddar Ellis a'i ofal.

Roedd y grŵp Crysbas yn boblogaidd iawn yn yr 80au a finnau yn rhan o'r criw cario offer. Roeddwn yno pan grëwyd y caneuon 'Blws tŷ golchi' (na, dim caffi Tudur Owen ond *launderette* ym Mangor), 'Draenog marw' a 'Iesu, mae 'di bwrw'. Ond doedd Sain ddim yn hoff o'r teitl ac ni roddwyd 'Iesu' ar glawr y record. Bu'n rhaid cyfaddawdu. Fel y bu i mi sôn yn gynharach, aethom i bob man mewn hen fan Corona o'r enw Doris. Roedd y graduras yn cymryd hydoedd i ddringo elltydd ond yn cychwyn ym mhob tywydd ac yn gallu cario llwythi o sbicars, drymiau a ballu.

Mae'r atgofion am Glwb Tan y Bont a'r Clwb Rygbi yn ystod Steddfod Caernarfon yn dal yn fyw iawn. Oedd, roedd Clwb Tan y Bont yn dipyn o gyrchfan, yn ganolfan i gerddoriaeth Gymraeg yn yr 80au. Roedd chwyldro wedi digwydd a grwpiau yn ymddangos fel blodau yn y gwanwyn. Tra oedd gwyliau mawr Padarn Roc, Gŵyl Werin Dolgellau, nosweithiau yn neuadd Pontrhydfendigaid yn edrych ar ôl y torfeydd mawr, Clwb Tan y Bont oedd y lle yn y gogledd i fynd i wrando ar bobol fel Geraint Jarman, Rhiannon Tomos, Hywel Ffiaidd, Y Trwynau Coch a Crysbas wrth gwrs. Byddai ciwiau i fynd i mewn ar nos Sadwrn a'r lle yn berwi efo jîns, fflêrs, sgertiau cwta a bŵb tiwbs. Toeddan nhw'n ddyddia da?!

Ond go brin y gellid cymharu nosweithiau Tan y Bont hyd yn oed â chyngherddau enfawr y Pafiliwn. Roedd Pafiliwn Caernarfon yn enfawr gyda lle i wyth mil o bobol i eistedd a mwy fyth os oedd pobol ar eu traed. Dychmygwch, byddai'n bosib cael y Rolling Stones i berfformio yno! Fe'i hadeiladwyd ar gost o £7 mil ac fe osodwyd y garreg sylfaen yng Nghae Twtil ym mis Mai 1877. Dri mis yn ddiweddarach roedd o ar ei draed. Y cyfarfod cyntaf oedd Seremoni Agoriadol Eisteddfod Genedlaethol 1877. Cynhaliwyd chwe Eisteddfod i gyd yn y Pafiliwn. Yn 1878 daeth y trapisiwr Blondin (a oedd wedi cerdded uwchben Rhaeadrau Niagara) i ddychryn y Cofis trwy ail-wneud y gamp 40 troedfedd uwchben y gynulleidfa. Yn 1911 fe gynhaliwyd un o'r digwyddiadau rhyfeddaf yn y Pafiliwn pan gyflwynwyd pasiant yn Gymraeg i ddathlu arwisgiad tywysog Cymru. Beriah G. Evans oedd yn gyfrifol am *Glyndŵr – Tywysog Cymru,* sef hanes i nodi bod brenhiniaeth Lloegr yn dal i gredu eu bod yn rhan o'r llinach Gymreig. Mae copi o'r ddrama basiant gen i ac mae Beriah yn cael hwyl yn ei ganeuon wrth herio'r Sais a mynnu mai Owain Glyndŵr yw gwir dywysog Cymru.

Daeth Paul Robeson y canwr croenddu i ganu yn y Pafiliwn hefyd – yn 1934 wedi'r drychineb ym mhwll glo Gresffordd lle lladdwyd 264 mewn ffrwydrad dan ddaear.

Ond ar Hydref 21ain 1961 daeth pobol o bell ac agos i ddweud ffarwél wrth yr hen le ac fe gynhaliwyd Cymanfa Ganu yno gyda Mrs Dilys Wynne Williams yn arwain a Mr G. Peleg Williams yn cyfeilio. Darlledwyd y rhaglen yn llawn ar y radio ac roedd gwerthu mawr ar y record hir o'r Gymanfa.

Mae'r cwbl, fodd bynnag, yn dangos pa mor bwysig fu cyngherddau a cherddoriaeth yng Nghaernarfon. A tydw i ddim wedi sôn am Neuadd Arfon o dan yr Ysgol Rad yn cynnal pob math o ddigwyddiadau nes iddi gael ei dymchwel nac am y Drill Hall, lle byddai dawnsfeydd ar benwythnos. Yno y byddai

'Roc a Rôl' a jeifio yn digwydd gyda sawl Hywel yn cyfarfod â Blodwen! Cafwyd nosweithiau da iawn (ac maen nhw'n dal i ddigwydd ar raddfa lai) yn y Clybiau Rygbi a Phêl-droed, ac mae neuadd fach 'Feed My Lambs' wedi ei hadfer yn lled ddiweddar ac er nad oes dawnsfeydd yma'r dyddiau hyn arferai fod yn gyrchfan arall i gael bop.

Ydy, mae cerddoriaeth wedi cael lle amlwg iawn yn fy mywyd i a bywyd Caernarfon ac mae Anti Ada wedi gwirioni fy mod i, diolch i deithiau'r GOGS, wedi bod mewn llawer o ddinasoedd lle'r oedd rhai o'r cyfansoddwyr yr oeddwn i (a hithau) yn eu hedmygu wedi gweithio. Llefydd fel Leipzig yn yr Almaen lle bu Johann Sebastian Bach (1685 – 1750) yn gweithio fel cantor yn eglwys Thomaskirche am dros 30 mlynedd. Roedd Mozart, Beethoven, Chopin, Robert Schumann a Felix Mendelssohn yn rhai o'i edmygwyr pennaf. Disgrifiad Beethoven ohono oedd '*Urvater der Harmonie*', 'tad gwreiddiol cytgord'.

Yr hyn sy'n taro cytgord i mi bob tro ydy Geraint Løvgreen yn canu geiriau Meirion Macintyre Hughes, 'Yma wyf inna i fod'. Mae'n gân sy'n disgrifio'r Caernarfon dwi a llawer un arall yn ei hadnabod i'r dim ac ae wastad yn dod â deigryn i'm llygaid.

Drysa' Dre

Tu ôl i bob drws mae stori ac mae gan Caernarfon ddwsinau o ddrysau trawiadol.

Mae poster 'Drysa' Dre' yn rhywbeth a greais i ar ôl gweld 'The Doors of Dublin'. Os dio'n ddigon da i'r Mics, wel mae o'n ddigon da i'r Cofis medda fi.

Mi ddechreuwn ni efo drysau mwya'r dref. Tu ôl i ddrysau'r castell mae un o enghreifftiau pensaernïol gorau'r byd. Master James of St George oedd pensaer cestyll Edward y Cyntaf ac mae'r castell yng Nghaernarfon wedi cael ei alw yn 'ganolfan weinyddiaeth, amddiffynfa, palas ac arwydd o reolaeth estron'.★

Ni fyddai'r Cymry yn yr hen ddyddiau wedi gweld y drysau yma gan nad oedd y Normaniaid / Saeson yn caniatáu iddyn nhw fod tu mewn i furiau'r dref. Mae dau ddrws arall ym muriau'r castell hefyd ond nid oeddent yn bodoli pan godwyd y castell yn wreiddiol.

Mae drysau hen Lys y Goron wedi croesawu llawer o bobol ond sawl un wedi gorfod gadael trwy ddrws cefn. Bu yma sawl achos o bwys gan gynnwys yr un yn erbyn Tri Penyberth yn 1936 lle roedd yn rhaid cael tocyn i gael mynediad. Roedd fy nhad yn newyddiadurwr gyda'r *Herald Cymraeg* ar y pryd a fo oedd y cyntaf i ddod allan o'r llys i gyhoeddi bod yr achos yn cael ei symud i Lundain – wel, dyna oedd o yn ei ddweud beth bynnag!

Does 'na ddim mynd a dod drwy'r drysau yma heddiw gan fod Llys y Goron wedi symud i safle newydd ar gyrion y dref.

Wrth gerdded rownd y gornel mi welwn y carchar, adeilad mawr llwm a llwyd gyda drysau mawr o goed. Un o adeiladau Cyngor Gwynedd ydy'r adeilad rŵan ond hyd at 1921 hwn oedd y carchar. Roedd carchar wedi bod yn y dref ers yr Oesoedd Canol a'r adnoddau yn gyntefig a dweud y lleiaf. Felly dyma godi un mwy a gwell. Agorwyd y carchar newydd yn 1784 ond roedd o'n rhy fawr yn ôl y bobol leol. Mewn gwirionedd roedd o'n rhy fach. O fewn dim bu'n rhaid ei ehangu. Doedd 'na ddim digon o le i'r holl garcharorion.

Roedd crogi yn weithred gyffredin yng Nghaernarfon ers yr Oesoedd Canol. Ar y Morfa ar gyrion y dref y byddai hynny yn digwydd gyda thorfeydd niferus yn heidio yno i weld y trueiniaid yn mynd i'w tranc.

Yr olaf i'w grogi yng ngharchar Caernarfon, fodd bynnag, oedd William Murphy, Gwyddel a lofruddiodd Gwen Ellen Jones yng Nghaergybi ar Nos Nadolig 1909. Roedd yn draddodiad bod cloch eglwys y Santes Fair yn canu am bum munud cyn y crogi ac yn arafu ar y deuddeg trawiad olaf. Ond y tro hwn, ar y deuddegfed trawiad syrthiodd tafod y gloch. Arweiniodd y digwyddiad hwnnw at ofyn a oedd William Murphy yn wirioneddol euog o'r drosedd. Mae sôn bod ei ysbryd yn dal yn y cyffiniau a llawer wedi gweld a chlywed pethau rhyfedd.

Rydym wedi cyrraedd Porth yr Aur. Yma mae drws arall hynafol, sef drws y Royal Welsh Yacht Club. Mae'r clwb wedi ei leoli yn nhyrau Porth y Môr ond Porth yr Aur mae pawb yn ei alw. Mae yma enghraifft hyfryd o farbican, sef y giât a'r amddiffynfa gyntaf cyn y prif borth. Wrth gamu trwy ddrws y clwb mae rhywun yn teimlo ei fod yn mynd yn ôl mewn hanes. Mae'n anodd credu bod milwyr wedi bod yma yn cadw golwg ar y Fenai wyth can mlynedd yn ôl.

Ar un adeg roedd Mrs Tegarty a'i theulu yn byw ar lawr isa un o ddau dŵr Porth yr Aur. Doedd o fawr mwy na chwt yn yr ardd.

Mae drysau Tafarn y Bachgen Du (Black Boy) yn gyfarwydd iawn i lawer o Gofis a Cofis 'Lad. Adeiladwyd y dafarn yn 1522 (fel y gwelir ar dalcen yr adeilad) er mae'n bur debyg bod adeilad wedi bod yma cyn hynny. Arferai fod yn ddwy dafarn, sef y 'King's Arms' a'r 'Fleur de Lys', cyn i un landlord ddod â'r ddwy ynghyd â chreu yr hyn sy heddiw yn Dafarn y Black Boy.

Mae enghreifftiau o ddrysau Sioraidd, Edwardaidd a Fictoraidd i'w gweld o amgylch y dref a rhai o'r goreuon ar y Maes ac yn Stryd yr Eglwys, ond un o'r drysau mwyaf trawiadol ydy drws Plas Llanwnda, Stryd y Castell. Cartref teulu'r Garnons oedd hwn a diolch byth mae hen nodweddion yr adeilad wedi'u cadw gyda'r cerrig llwyd a'r drws mawreddog yn dal i fodoli. Hwn oedd lleoliad y Llyfrgell benthyg llyfrau gyntaf yn y gogledd.

Dros y ffordd i Blas Llanwnda mae rhywfaint o adeilad gwesty'r Royal Sportsman yn aros. Dyma lle dois i weithio yn 16 oed i'r uned argraffu a dilyn fy nhaid Henry William i fyd yr inc. Mae 'na stori dda am y gwesty. Yma roedd dawnsfeydd mawr yn cael eu cynnal – dawns yr haf, dawns y Nadolig a dawns yr helfa. Roedd dyn ar y drws yn galw enwau'r byddigions fel y deuent i'r ddawns. Roedd teulu yn y dref, y Cockers, yn gwerthu gwinoedd, gwirodydd ac ati. Daeth dwy o ferched y teulu i un ddawns yr haf a'r galwr yn datgan 'Miss Cocker' ac yna'n cyhoeddi 'Miss Cocker too'!

Mae drws eglwys y Santes Fair yn rhan o adeilad sy'n dyddio'n ôl i'r 14eg ganrif. Dyma eglwys y milwyr. Wrth gerdded trwy'r drws dewch i awyrgylch hynod o hynafol. Mae fel camu 'nôl 800 mlynedd.

Os awn am dro bach i lawr i'r Ynys, sef llain o dir tu ôl i Swyddfa'r Harbwr mi welwn hen ddrws digon blêr. Yma roedd ffowndri Owen Thomas a agorwyd yn 1840. Fe aeth i bartneriaeth gyda Jeffreys Parry de Winton a daeth y busnes i'w adnabod fel yr Union Foundry. O 1854 i 1901 roedd de Winton yn beirianwyr yn y dref, yn adeiladu injans ar gyfer y rheilffordd fach a ddôi â'r llechi o'r chwareli. Mae o leiaf chwech o'r injans wedi cael eu cadw.

Wrth gerdded ar hyd strydoedd y dref gaerog mi welwn ddrysau siopau, swyddfeydd, bwytai a chartrefi o bob math. Mae rhai yn ddrysau modern plastig hyll ond mae 'na sawl trysor o ddrws sy'n werth aros am ychydig i'w werthfawrogi. Gan feddwl, tybed beth yw'r stori sydd tu ôl i hwn?

* Robert Dean, *Castles in Distant Lands*, Lawden Hayes Publishing (2009).

Ty'd am Dro, Co!

Llyfr da iawn am Dre ydy *Atgofion am Gaernarfon* (1950) gan T. Hudson Williams. Ynddo mae T. Hudson yn mynd â ni am dro drwy'r dref tua 1880 – 1885. Dwi rŵan am ail-greu'r daith a mynd â chdi 'am dro, co', sef un o fy nheithiau cerdded i o amgylch tref gaerog Caernarfon yn 2013.

Pnawn Sadwrn ydy hi, diwrnod marchnad. Dyma ni yn sefyll wrth gerflun Lloyd George ar y Maes yn sylwi ar ddegau o bobol leol ac ymwelwyr yn stwna rownd y stondinau neu'n eistedd yn cael paned neu rywbeth i'w fwyta gan Ffion Haf a Tudor yn Caffi Maes. Mae'r Maes wedi newid tipyn ers dyddiau T. Hudson ac wedi ei ail-wampio i edrych fel Piazza yn yr Eidal. Yn wir erbyn hyn mi allwch gael sawl dewis o *gelato* ar y Maes, neu beint, wrth gwrs.

Dacw Alun ac Arthur yn cael llyma'd a sgwrs tu allan i'r Morgan Lloyd. Gallwch fentro y bydd y drafodaeth yn siŵr o droi at y gêm rygbi ddiweddaraf ar y Morfa. Mae tafarn y Morgan Lloyd wedi bod yma ar y Maes ers 1840. Roedd hi yma felly pan oedd T. Hudson Williams yn mynd â ni ar ei daith o. Roedd Morgan Lloyd yn un o ddynion busnes pwysig y dref ac yn un o'r rhai a gyfrannodd ac a ymgyrchodd (efo Syr Llewelyn Turner ac eraill) i gael dŵr glân, iach i'r dref wedi'r achos o colera yng nghanol y 19eg ganrif.

Croeswn y Maes tuag at furiau'r hen dref Normanaidd a gwelwn Borth y Maes o'n blaenau. Awn heibio Caffi Palas, lle mae gan Phil a Llinos banini a hufen iâ i'ch hudo. Peidiwn â chael ein temtio, am unwaith, a thrown i fyny Stryd Twll yn y Wal. Stryd fach hyfryd ydy hon gyda thai bwyta ar bob ochr, yn cynnig bwydlenni o wahanol wledydd. Ydy mae Caernarfon yn drysor bach slei o le i lenwi'ch bolia!

Monica sy'n cadw caffi y Bell Tower. Hwn ydy'r caffi hynaf yng Nghaernarfon. Mae'n dyddio 'nôl i 50au'r ganrif ddiwethaf. Wedyn mae gennych chi dŷ bwyta newydd, Blas, a Daniel a'i wraig Mari yn berchnogion, ac Olew ag Ouzo, sy'n dŷ bwyta Groegaidd. Swyddfa gyfieithu Cymen sy nesa ar y dde. Trueni na fyddai ambell i fwydlen yn nhai bwyta'r dref ag ôl Cymen arnyn nhw (yn nhref fwyaf Cymraeg y byd). Mae Caffi Jakes yn lle da am frecwast Cymreig, go iawn, gan Dave. Drws nesa mae stiwdio torri gwallt Helen. Hanes pawb, a sgalp daclus iawn yr un pryd, gewch chi fan hyn.

Roedd tai tafarnau dirwestol ochr yn ochr â thai potas yn Stryd Twll yn y Wal ers talwm. Dwy dafarn sydd ar ôl, y Four Alls gyda'r arwydd yn esbonio – 'I Serve All, I Pray for All, I Fight for All, I Pay for All', a thafarn Twll yn y Wal gyferbyn. Ar un adeg roedd Y Queen Bach drws nesa. Ty'n Perthi oedd yr hen enw am yr adeilad lle mae Stones bellach. Byddai'n hyfryd cael yr hen enw yn ôl, yn byddai?

Wrth gyrraedd pen arall y stryd gwelwn garreg fawr ar ochr siop emwaith a dillad Sue Prydderch. Mae'r garreg yma am ddau reswm. Mae'n garreg 'sa draw' ac yn garreg 'cyfrwy'. Mae'r enw cyntaf yn cyfeirio at rybudd i gadw ceffyl a throl oddi wrth yr adeilad. Carreg i roi cymorth i rywun ddringo ar gyfrwy y ceffyl ydy'r ail wrth gwrs.

Dyma ni wedi cyrraedd y Porth Mawr neu'r Cloc Mawr. Hwn oedd cartref Trysorlys Arfon, Môn a Meirion, nid y lle mwyaf poblogaidd yng Ngwynedd! Flynyddoedd wedi hynny fe ddaeth yn Guild Hall lle'r oedd y pedwar prif *Guild: Mercers* (Masnachwyr), *Weavers* (Gwehyddion), *Glovers* (Gwneuthurwyr Menyg) a'r *Cordwainers* (Gwneuthurwyr Esgidiau) yn cyfarfod. Cadwyd yr enw Guild Hall pan ddaeth y pictiwrs cyntaf i Gaernarfon yn 1910.

Edrychwch dros eich ysgwydd ac fe welwch Sgwâr Pendist a siop un o'r tri chigydd sydd yng Nghaernarfon. Siop Wil Bwtsh sydd ym Mhendist tra bod Bob ar ben Stryd Llyn a Dafydd ar ei chanol. Yn Stryd Llyn, gyda llaw, mae siop hyna'r dref sef Roberts ac Owen a sefydlwyd yn 1794. Roedd hyn bron gan mlynedd cyn taith T. Hudson Williams.

Fel pob tref arall mae 'na fusnesau yn mynd a busnesau yn dod. Ac er bod 'na ormod o sgaffaldiau ar hyd y dref mae hyn o leiaf yn dangos bod gwaith atgyweirio yn mynd yn ei flaen a phobol yn fodlon buddsoddi yma.

Wrth droi i lawr i'r Stryd Fawr o Stryd Twll yn y Wal mae Siop Dan Cloc, siop deganau Debbie a Bryan. Roedd hon yma pan oeddwn i'n blentyn. Siop Anti Faye oedd ein henw ni arni. Yma y prynodd Mam a Dad yr anrheg Nadolig hwnnw i mi, sef set trên Trix. Mae'r set yn dal mewn bocs yn y tŷ acw ac yn dal i weithio. Yn agos i Siop Dan Cloc hefyd mae siop bersawr Lauren, un o'r genod rygbi ydy Lauren, a thafliad carreg i ffwrdd, yng nghesail y cloc, mae'r Gist Ddillad lle mae Sian yn gwerthu dillad sydd wedi'u ailgylchu. Pobol leol a thwristiaid fel ei gilydd ydy'r cwsmeriaid, fel yn achos Siop Eifion (a'i heitemau chwaethus) a siopau dillad Q a Pyramid. Yn naturiol, codi pres i'r achos ydy diben siop yr Ambiwlans Awyr. Wrth ddod at Stryd Pedwar a Chwech mi welwch dafarn enwog y Bachgen Du. Nathan yw perchennog Vacumedic sy yn yr adeilad lle'r oedd fy nhaid Henry William Jones yn rhedeg ei wasg a lle byddwn innau'n mynd i weithio yn ystod gwyliau'r haf.

Awn i fyny Stryd y Plas i orffen y daith fer yma o fusnesau'r dref. Os byddwch chi'n ymweld â thre'r Cofis rywbryd peidiwch ag anghofio Stryd Bangor, Pendist, y Bont Bridd, Pen Llyn, Stryd Llyn a'r Maes. Mae gan y rhain ddigon i'w gynnig hefyd.

Mae gan Stryd y Plas ei delwedd ei hun. Mae'n

llawn caffis a siopau diddorol. Yma yr oedd y Plas Mawr, plasdy Elisabethaidd y teulu Griffith – digon tebyg i Blas Mawr, Conwy. Neuadd y Farchnad sydd yma rŵan ac mae hwn yn dyddio 'nôl i 1823. Mae'r farchnad yn cael ei hadfer y dyddiau yma. Mae'r gatiau mawr, haearn eisoes wedi cael gweddnewidiad a gobeithio, ymhen amser, y bydd y gwagle mawr tu mewn yn llawn stondinau a chynnyrch lleol. Roedd pobol Caernarfon ers talwm yn galw'r farchnad dan do hon yn Llofft yr Hôl am fod dau lawr iddi a bod stryd Twll yn y Wal, neu Hole in The Wall, yr ochr draw. Mae seleri enfawr o dan y farchnad a braf fyddai meddwl bod modd defnyddio'r seleri yma rywbryd fel llefydd i yfed, i fwyta, cynnal adloniant neu arddangosfeydd.

Os ydych chi angen yswiriant mae Martin gyferbyn â'r farchnad yn Yswiriant Caernarfon. Gallwch gael pryd bach blasus yn Caffi Calleys a thŷ bwyta'r Wal. Stiwdio Panorama ddaw wedyn, lle mae Geraint yn arddangos rhai o'r lluniau anhygoel mae o wedi'u tynnu yn Eryri a thu hwnt. Hwn yw'r tŷ hynaf yng Nghaernarfon, a thafarn y Vaynol Arms gynt ac mae'r distiau wedi'u dyddio oddeutu 1507. Hen dafarn y Blue Bell oedd yr hyn sydd heddiw yn Palas Print, un o'r siopau llyfrau gorau yng Nghymru, a lle arall i gael panad a sgwrs os nad ydy Eirian yn rhy brysur, ac mae hi fel arfer! Gallwch hefyd ymweld â Lotti a Wren, siop dda am anrhegion, sydd wedi neidio o un ochr y stryd i'r llall! Mae'r stryd yn eitha *artisan* bellach gyda Karen Jones a'i gwaith gwydr ac enamel ac Ann Catrin, Angela a Dave yn siop Iard yn creu gwaith crefftau gwerth chweil yn ogystal â Scoop, sy'n coginio crempogau o'r Iseldiroedd, yn ychwanegu at flas cyfandirol y stryd.

Cewch wared â'ch holl densiynau yn Escape cyn mynd i lenwi twll yn y tŷ bwyta Indiaidd a'r Pantri, heb sôn am y Tŷ Siocled! Prynwch flodau gan Lynda yn Blodyn Tatws a gemau yn siop Kevin James neu gan Miriam. Mae Gray Thomas yn rhan annatod o'r dref ac wedi bod yn gwasanaethu pobol leol a fisitors ers degawdau. Cewch wlân neu fotymau yn YLP cyn cyrraedd y Pein Deitsh i gael peint efo Paul.

Taith fer iawn ydy hon'na i weld dim ond ychydig o drysorau'r hen dref. Mae 'na fwy o deithiau a mwy o ryfeddodau, 'Ty'd am Dro Co' tro nesa y byddi di yn Dre.

Mae teithiau 'Ty'd am Dro Co' i gyd i'w gweld ar fy ngwefan: www.drodre.co a gallwch drefnu taith trwy ebostio: emrys@caernarfonwalks.com

'Caernarfon, yma wyf inna i fod'

Hefyd o'r Lolfa

£3.95

Am restr gyflawn o lyfrau'r Lolfa, mynnwch
gopi am ddim o'n catalog
neu hwyliwch i mewn i'n gwefan

www.ylolfa.com

lle gallwch archebu llyfrau ar-lein.

TALYBONT CEREDIGION CYMRU SY24 5HE
ebost ylolfa@ylolfa.com
gwefan www.ylolfa.com
ffôn 01970 832 304
ffacs 832 782